水运安全创新研究与实践

侯志强 著

人民交通出版社股份有限公司
北京

内 容 提 要

本书以系统安全工程理论为基础，结合水运安全特点，系统介绍了近年来作者在港航科研领域受国家及省部级项目资金资助研究的安全创新研究成果，内容涵盖港口运营、内河枢纽、工程建设等多个项目，并附有大量实例应用。

本书可供水运科研人员、港航安全评价机构、港航企业以及相关专业的高校教师学习参考。

图书在版编目(CIP)数据

水运安全创新研究与实践 / 侯志强著. —北京：人民交通出版社股份有限公司，2020.7

ISBN 978-7-114-16492-7

Ⅰ.①水… Ⅱ.①侯… Ⅲ.①水上交通—交通运输安全—研究—中国 Ⅳ.①U698

中国版本图书馆CIP数据核字(2020)第064392号

Shuiyun Anquan Chuangxin Yanjiu yu Shijian

书　　名：**水运安全创新研究与实践**
著 作 者：侯志强
责任编辑：刘楚馨
文字编辑：张　淼
责任校对：孙国靖　魏佳宁
责任印制：刘高彤
出版发行：人民交通出版社股份有限公司
地　　址：（100011）北京市朝阳区安定门外外馆斜街3号
网　　址：http://www.ccpcl.com.cn
销售电话：（010）59757973
总 经 销：人民交通出版社股份有限公司发行部
经　　销：各地新华书店
印　　刷：北京虎彩文化传播有限公司
开　　本：787×1092　1/16
印　　张：10.75
字　　数：222千
版　　次：2020年7月　第1版
印　　次：2020年7月　第1次印刷
书　　号：ISBN 978-7-114-16492-7
定　　价：50.00元

前言

交通运输是国民经济战略性、引领性、基础性产业和服务型行业，是发展的先行官。水运在我国的交通运输历史长河中一直占据着重要的位置，发挥着不可替代的作用。交通强、水运必须强，水运的发展已经成为交通强国建设的核心组成之一。水运大发展，安全是保障。水运安全事关人民福祉，事关经济社会发展的大局，是国家和社会关注的重点。

文以载道，书以焕采。正逢庚子鼠年春节，疫情施虐，窝家将多年来撰写的港口、航道安全相关的研究文章汇集成书，以作为对自己从事水运安全科研的纪念。从 2007 年踏上水运安全科研之路，深受朱建华副院长、徐宏伟主任、刘敏燕总工启蒙和影响，也深得褚家成研究员的指点。十多年来，主持和参加了国家、省部级多项科研课题和行业标准的制定，取得了一些科研成果，为水运行业尽了自己一份绵薄之力。本书是在查阅国内外相关文献的基础上，结合水运行业安全事故案例和作者自身的研究实践经验而成的。内容涵盖了港口运营、内河枢纽、工程建设等方面，包括国家重点研发计划项目资助的研究成果在内，属首次面世。

本书在撰写过程中参考了国内外专家、学者的著作和文章，在此对这些文献的作者致以诚挚的谢意。此外，本书的出版得到同事曾春雷、邵攀、兰马静、阮超宇、王俊勇、温永瑞、周亚飞、周目秋的大力协助；广西北部湾港航界各位朋友提供了非常丰富的实践素材；交通运输部水运局、安质司领导在选题和研究过程中给予了专业的指导，在此一并表示衷心的感谢。

由于本人水平所限，书中错误和不足之处在所难免，恳请广大读者批评指正。

作　者

2020 年 3 月于北京

目录

港口篇

航道篇

港 口 篇

1 油品码头装卸风险评估技术研究与实践

摘要：为了使油品码头装卸风险评估更合理，基本数据标定方法更准确，评估结论更客观，本文利用ANP决策方法（网络层次分析法）可反映基本事件之间存在依存和反馈关系的优势，标定了基本事件之间相对概率大小的模糊权值，以此作为各基本事件的概率值；同时以故障树模型为基础，利用贝叶斯网络构建了事故的致因关系，定量评估了各基本事件的重要度。案例研究中，针对码头装卸汽油火灾、爆炸事故，根据ANP标定的概率值，通过正、反向推理分析各基本事件的结构重要度、概率重要度、临界重要度，并对此进行排序。结果表明，评价模型更好地表征了基本事件对于顶事件发生的影响程度，从而可以有针对性地找出油品码头装卸过程中的安全薄弱环节，对于查找安全隐患、改善工况、提高系统整体安全水平具有一定的现实意义。

关键词：油品；码头；装卸；贝叶斯网络；ANP决策方法；风险评估

0 引言

近十年来，我国危险货物水上运输量约以每年20%的速度递增，其中很大比重为油品。油品码头装卸具有较大的危险性，而影响安全的因素较多，一旦诱发事故因素失控，随时可能发生泄漏、火灾、爆炸等事故，造成人员伤亡、财产损失和环境污染。因此，针对油品码头装卸过程进行风险评估，找出诱发事故的关键因素，对确保港口安全运营具有十分重要的意义。

目前，针对危险货物风险评估，国内外相关研究的论文很多，归纳起来主要有3种方法：

（1）基于风险管理概念的评估方法。风险是发生概率（频率）与损失程度的函数，通过计算事故发生的概率（频率）以及后果，求取风险值并与风险评价标准来比较，判断是否达到规定的安全要求。如侯志强等构建了水运工程重大危险源事故发生的后果与可能性的衡量指标体系，通过计算风险值确定风险的等级。

（2）基于传统安全系统工程理论的评估方法，如故障树分析、事件树分析、风险矩阵法、危险和可操作性研究、概率危险评价技术以及道化学火灾、爆炸指数评价法等。如丛广佩应用故障树的分析方法评估了石油化工厂管道维修的风险。ZHAO Shi ping 等应用危险与可操作性研究结合故障树分析方法，对聚丙烯生产装置实现了定性定量评估。

（3）基于现代数理理论的评估方法。主要的评价方法有：层次分析法、贝叶斯网络、模糊综合评价法、人工神经网络评价法、灰色综合评价法以及蒙特卡罗模拟方法。如 Zhao L J 等引进贝叶斯网络对国内 94 个危险品运输事故的原因进行分析。LI Wei guo 等应用模糊层次分析法结合神经网络模型提出了风险评估方法。

由于研究对象系统的复杂性，上述评价方法在得到快速发展的同时，也遇到了一些问题，如评价方法不能准确表达不同层次间的条件概率关系，各节点间的相互关系；缺少各类型事故发生频率的数据库，采用专家打分法处理数据时方法不够灵活，不能很好反应各要素间的依存和反馈关系；缺少不同评价方法之间的综合研究等。因此，作者认为：建立油品码头装卸作业故障树，将其映射成贝叶斯网络，同时采用 Saaty 的 ANP 决策方法对基本事件发生的概率值进行标定，不但树形因果关系图逻辑关系清晰，不同层次间的条件概率关系表达准确，概率值标定方法更灵活、合理和可信，而且还可以定量计算各基本事件的结构重要度、概率重要度和临界重要度。从而有针对性地找出油品码头装卸过程中的薄弱环节，对于查找安全隐患、改善工况、提高系统整体安全水平具有重要的现实意义。

1　风险因素分析

油品码头装卸风险评估，需要先分析装卸过程中存在的风险因素。油品码头装卸过程中，主要有船舶进港靠泊、系缆、船岸（静电）跨接、管道与管道（或输油臂）连接、阀门开启、船泵开启、物料输送、船泵关闭、扫线、管道与管道（或输油臂）断开、关闭阀门、船岸（静电）连接断开、解缆、船舶离泊等作业环节。上述每个作业环节均存在一定的风险，如物料输送时，由于货种的理化性质不同，对输送压力、温度、流速、伴热等要求也有差异，一旦失控可能产生物理、化学爆炸或静电积聚等；扫线时若不按规程操作或选用扫线介质不当，均有可能埋下安全隐患。另外，码头上管道处于潮湿易腐蚀环境，若管道没有及时经过全面或在线检测，则可能发生泄漏或火灾爆炸事故。

油品即石油产品。国家标准按危险货物具有的危险性或最主要的危险性分为 9 个类别。码头装卸的油品绝大多数属于第 3 类易燃液体，如汽油、航煤、原油等，其闪点均小于 61℃，属于危险化学品重大危险源辨识货种。因此，油品的易燃固有属性是导致事故的内在因素。事故的诱因可以分为自然界因素和非自然界因素。前者往往非人力所能左右，后者也被称为人为的事故，本文着重研究后者。目前认为，生产过程存在的危险和有害因素主要有人的因素、物的因素、环境因素和管理因素。如作业人员没有按照解系缆操作规程进行操作，可能被缆绳击伤或落水淹溺；管道由于腐蚀或质量原因造成破损则可能造成泄漏；安全责任制、安全投入、安全教育、安全检查、隐患排查、个体防护用品配备、突发事件应急等制度不健全或执行不到位均有可能成为事故的诱因。

2 风险评估方法

本文重点介绍与评估模型相关的贝叶斯网络概念、贝叶斯网络化方法、ANP 标定概率方法以及基本事件重要度的计算方法。

2.1 贝叶斯网络

贝叶斯网络也称为信念网络、概率网络，为描述变量之间概率关系，提供了一种自然的表示因果关系的方法。贝叶斯网络也是综合利用概率论和图论进行不确定事件分析和推理的工具，是目前不确定知识表示和推理领域中最有效的理论模型之一。

定义 1：设变量集 $V=\{x_i\}(i=1,2,\cdots n)$ 是一离散变量的有限集合，P 为 V 中变量联合概率分布，称有向无环图 $J=(V,E)$ 是一个关于概率分布 P 的贝叶斯网络，当且仅当 D 是一最小的 I-map。

定义 2：一个贝叶斯网络由网络结构 J 和网络参数 θ 两部分组成，即 $B=(J,\theta)$。J 是一有向无环图，表示 V 中变量条件独立，图中的节点与 V 中变量一一对应，图中的有向边表达变量之间的条件依赖关系；θ 是与每一个变量相联系的条件概率分布。

定义 3：设 $A(x_i)$ 表示非 x_i 的后代节点子集，$B(x_i)$ 表示的直接双亲节点，则 $P[x_i / A(x_i),B(x_i)]=p[x_i / B(x_i)]$。给定一个随机变量集 $V=\{x_i\}(i=1,2,\cdots n)$，则贝叶斯网络就是 V 上的一个联合条件概率分布，变量 $V=\{x_i\}(i=1,2,\cdots n)$ 的联合概率为 $p(x_i,\cdots,x_n)=\prod_{i=1}^{n}p\left[x_i / B(x_i)\right]$。

根据上述定义表达的节点与其父节点的关联关系，可以推导出包含所有节点的联合概率分布函数。

如图 1-1 是一个简单的贝叶斯网络，包含所有节点的联合概率分布函数为：

$$p(x_1,x_2,x_3,x_4,x_5)=p(x_1)p\left(\frac{x_2}{x_1,x_3}\right)p\left(\frac{x_3}{x_1}\right)p\left(\frac{x_4}{x_2,x_3}\right)p\left(\frac{x_5}{x_1,x_3,x_4}\right) \tag{1-1}$$

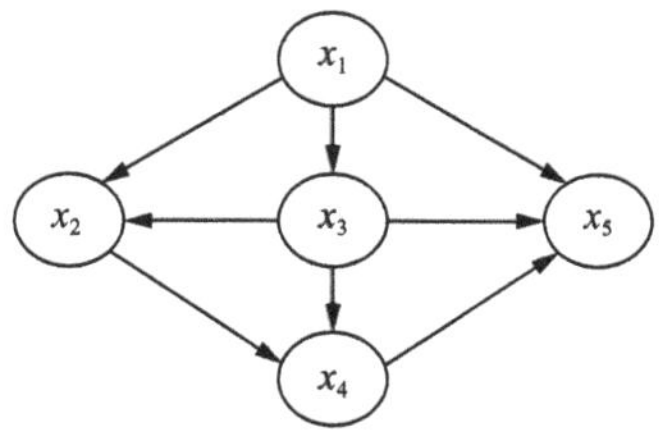

图 1-1 简单的贝叶斯网络模型

联合概率分布函数表达的是节点与节点之间的逻辑关系，是正反向推理及定量计算的主要依据。

2.2 故障树的贝叶斯网络化

贝叶斯网络是由一个有向无环图 J 和对应的条件概率表组成。利用贝叶斯网络使用节点和概率分布分别表达事件和其不确定性的特点，将已建立好的系统故障树按一定规则转换成贝叶斯网络，然后根据故障数据分析得到的故障原因（基本事件）概率分布，利用贝叶斯网络由上往下的信念传播和更新思想，可以计算得到更准确的系统故障概率分布。故障树模型向贝叶斯网络映射时，贝叶斯网络的节点与故障树中事件逐一对应，构成有向无环图。条件概率关系则根据故障树的逻辑门确定。与门、或门映射关系见图 1-2、图 1-3。

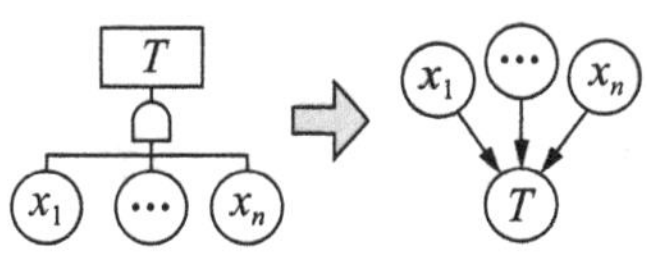

x_1	x_2	…	x_n	T
0	0	…	0	0
1	0	…	0	0
1	1	…	0	0
⋮	⋮	⋮	⋮	⋮
1	1	1	1	1

图 1-2 与门结构

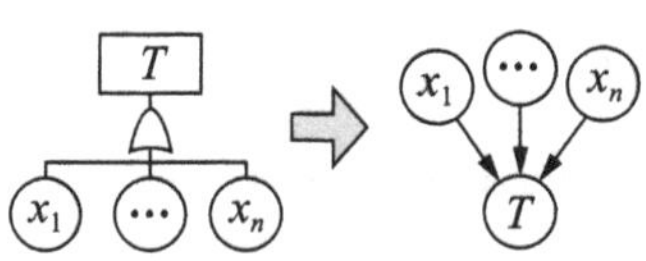

x_1	x_2	…	x_n	T
0	0	…	0	0
1	0	…	0	1
0	1	…	0	1
⋮	⋮	⋮	⋮	⋮
1	1	1	1	1

图 1-3 或门结构

2.3 ANP 标定概率方法

Saaty 早在 20 世纪 80 年代初期即提出了层次分析法（Analytic Hierarchy Process，简称 AHP）的核心思想。关于 AHP 的相关出版文献很庞大并超过了其他决策方法。尽管 AHP

的应用很广泛，但是对 AHP 的批评从未消失，主要认为 AHP 判断尺度不适用于人类复杂的思维，需要模糊化。20 世纪 90 年代末，Saaty 回应了模糊 AHP 的无效性，后在广泛吸收决策科学各领域研究成果的基础上，提出了网络层次分析法（The Analytic Network Process，简称 ANP）的理论和方法。ANP 的创立，有效地解决了 AHP 存在的不足，用网络结构关系取代递阶层次关系，考虑了元素间的依存关系，处理决策问题更具灵活性、合理性和可信性，使其成为当前更为实用和有效的决策方法之一。

ANP 考虑了各因素或相邻层次间的相互影响，利用超矩阵对受影响的因素进行综合分析并得出其权重。ANP 首先将系统元素划分为两大部分，第一部分称为控制因素层。包括问题目标及决策准则，所有的决策准则均被认为是彼此独立的，且只受目标元素支配。控制因素中可以没有决策准则，但至少有一个目标，控制层中每个准则的权重均可用传统 AHP 方法获得。第二部分为网络层。它是由所有受控制层支配的元素组组成的，其内部是互相影响的网络结构。ANP 的计算步骤如下：

（1）构建判断矩阵。

设 ANP 的控制层中有元素 $B_1, B_2, \cdots, B_N$；网络层 N 个元素集 $C_1, C_2, \cdots, C_N$，其中 C_i 中有元素 $e_{i1}, e_{i2}, \cdots, e_{in}$（$i$=1, 2, …, N），以 C_j 中元素 e_{jl}（l=1, 2, …, n）为次准则，C_j 中元素 e_{jl} 的影响通过间接优势度比较，采用 Saaty 提出的标度法来量化构造判断矩阵并进行归一化处理得到特征向量矩阵：$\omega=\left[\omega_{i1}^{jl},\cdots,\omega_{in_i}^{jl}\right]^T$。

（2）建立初始超矩阵。

在构建判断矩阵后，可由特征根法得到排序向量 $\left(\omega_{i1}^{(j1)},\omega_{i2}^{(j2)},\ldots,\omega_{in_i}^{(jn_j)}\right)^T$，则 W_{ij} 表示为：

$$W_{ij}=\begin{bmatrix}\omega_{i1}^{j1} & \omega_{i1}^{j2} & \cdots & \omega_{i1}^{jn_j}\\ \omega_{i2}^{j1} & \omega_{i2}^{j2} & \cdots & \omega_{i2}^{jn_j}\\ \vdots & \vdots & \vdots & \vdots\\ \omega_{in_i}^{j1} & \omega_{in_i}^{j2} & \cdots & \omega_{in_i}^{jn_j}\end{bmatrix}$$

其中 W_{ij} 的列向量就是 C_i 中元素对 C_j 中元素的影响程度排列向量。若为 C_i 中元素，则 ω_{ij} =0，可得准则下的超矩阵：

$$W=\begin{bmatrix}W_{11} & W_{12} & \cdots & W_{1N}\\ W_{21} & W_{22} & \cdots & W_{2N}\\ \vdots & \vdots & \vdots & \vdots\\ W_{N1} & W_{N2} & \cdots & W_{NN}\end{bmatrix}$$

（3）建立加权超矩阵。

W 超矩阵的子块 W_{ij} 是归一化的，但 W 却不是归一化的。在 B_N 下各元素集对准则

$C_j(j=1,2,\cdots N)$ 的重要性进行比较，与 C_j 无关的元素集的排序分量为零，可得到加权矩阵：

$$A=\begin{bmatrix} a_{11} & a_{12} & \cdots & a_{1N} \\ a_{21} & a_{22} & \cdots & a_{2N} \\ \vdots & \vdots & \vdots & \vdots \\ a_{N1} & a_{N2} & \cdots & a_{NN} \end{bmatrix}$$

那么加权超矩阵 $\overline{W}=(\overline{W}_{ij})$，其中 $\overline{W}_{ij}=a_{ij}W_{ij}$，$i$、$j$=1，2，…，$N$。

（4）计算极限超矩阵，确定各元素权重值。

加权超矩阵 $\overline{W}$ 的元素 $\overline{W}_{ij}$ 的大小反映了元素 i 对 j 的一步优势度，用 $\overline{W}$ 自乘直到矩阵乘积收敛为止（每一次自乘都要列归一化），就得到极限超矩阵 $\overline{W}^{\infty}=\lim\limits_{x\to\infty}\overline{W}^{t}$，其列向量就是元素的平均极限相对排序向量。

2.4 顶事件发生概率

顶事件是不希望发生的事件（事故或故障），结合故障树模型和基本事件发生概率计算顶事件发生概率。在故障树分析中，计算顶事件和中间事件发生概率需要首先求解所有的最小割集（最小路集），然后利用容斥定理进行精确计算，或采用相斥近似或独立近似进行近似计算。在贝叶斯网络中，无须求解割集，利用联合概率分布可以直接计算顶事件 T 的发生概率：

$$P(T=1)=\sum_{E_1,\cdots,E_{M-1}}P(E_1=e_1,\cdots,E_{M-1}=e_{M-1},T=1) \tag{1-2}$$

其中节点 $E_i(1\leqslant i\leqslant M-1)$ 对应于故障树中的中间事件和底事件，$e_i\in\{0,1\}$ 用来表征事件 E_i 发生与否，M 为贝叶斯网络中节点的数目。

2.5 重要度定量分析

油品码头装卸风险定量评估是以重要度分析为基础，重要度分析是分析各基本事件的发生对顶上事件的发生所产生影响的大小，是为我们修改系统提供重要信息的重要手段。在贝叶斯网络中，利用其推理算法（如团树传播算法、桶排除算法等），可以很容易求得底事件 E_i 的重要度：

（1）结构重要度分析。是从网络结构上分析各基本事件的重要程度。即在不考虑各基本事件的发生概率，或者说假定各基本事件的发生概率都相等的情况下，分析各基本事件的发生对顶事件的发生所产生的影响程度。

结构重要度：

$$I_i^{st}=P(T=1|E_i=1,P(E_j=1)=0.5,1\leqslant j\neq i\leqslant N)-\\P(T=1|E_i=0,P(E_j=1)=0.5,1\leqslant j\neq i\leqslant N) \tag{1-3}$$

（2）概率重要度分析。是从概率上分析各基本事件的重要程度。反映各基本事件的发生概率的变化会给顶事件发生概率以多大影响。

概率重要度：

$$I_i^{\mathrm{Pr}}=P(T=1|E_i=1)-P(T=1|E_i=0) \tag{1-4}$$

（3）临界重要度分析。是从敏感度和自身发生概率的双重角度衡量各基本事件的重要程度，从两个不同的角度分析各基本事件的发生对顶事件的发生概率产生的影响。

临界重要度：

$$I_i^{Cr}=\frac{P(E_i=1)\left[P\left(T=\frac{1}{E_i}=1\right)-P\left(T=\frac{1}{E_i}=0\right)\right]}{P(T=1)} \tag{1-5}$$

2.6 算法

通过事故树映射得到一个二态单连通贝叶斯网络，运用ANP决策方法对基本事件概率进行标定，从而可以方便地计算出基本事件的重要度和顶事件的概率。计算规则如下：

规则1：若事件X_i连接事件为P_{ij}，则$X_i\xrightarrow{P_{ij}}X_j$，且

$$p(X_j=1)=x_ip_{ij},\ p_{ij}=0\ or\ 1 \tag{1-6}$$

规则2：若$X_{i\text{-}m}$和$X_{i\text{-}m+1}$和…和X_{i+n}，且P_{ij}，则X_j，

与门：则有$\bigcap_{k=i-m}^{k=i+n}X_k\xrightarrow{P_{ij}}X_j$，且

$$p(X_j=1)=\sum_{k=i-m}^{k=i+n}p(X_k)\times p_{ij}=x_{i-m}\times x_{i-m+1}\times\cdots\times x_i\times\cdots\times x_{i+n}\times 1 \tag{1-7}$$

或门：则有$\bigcup_{k=i-m}^{k=i+n}X_k\xrightarrow{P_{ij}}X_j$，且

$$p(X_j=1)=\sum_{k=i-m}^{k=i+n}p(X_k)\times p_{ij}=1-[(1-x_{i-m})\times(1-x_{i-m+1})\times\cdots\times(1-x_i)\times\cdots\times(1-x_{i+n})\times 1 \tag{1-8}$$

结合以上规则，定量计算的步骤为：

步骤 1：事故树映射为贝叶斯网络模型，标定基本事件 X_i 的发生概率 x_i，分析结构重要度，各基本事件的发生概率 x_i 可标定为（0，1）之间的任意值（对结构重要度的排序没有影响）。

步骤 2：令基本事件 X_i 的发生概率 $p(X_i=1)=x_i$，其他事件的概率暂定为 0。

步骤 3：以步骤 2 标定的基本事件发生概率为输入，根据 ANP 标定计算方法，更新子节点 X_j 概率，$0 \rightarrow p(X_j=1)$。

步骤 4：$j \rightarrow i$，子节点 $X_j \rightarrow X_i$，返回步骤 2 继续计算下一层子节点概率，循环往复，直至计算得到顶事件发生概率。以此顶事件发生概率 $p(T=1)$ 作为 1 个中间输出量。

步骤 5：根据式（1-3）～式（1-5），结合步骤 4 的顶事件发生概率，反向推理计算得到各基本事件的结构重要度、概率重要度、临界重要度，以此 3 个重要度指标为最终输出量，算法结束。

3 案例分析

火灾应同时具备可燃物、氧化剂和点火源三要素。这三要素中缺少任何一个，火灾都不能发生和维持，因此这三要素是火灾的必要条件。对于油品码头装卸来说，物料泄漏后，只要具备点火源就可能导致火灾甚至爆炸的发生。

3.1 构建故障树

本文选取油品码头常见的装卸货种——汽油作为分析油种。汽油为第 3.1 类低闪点易燃液体，火灾危险性为甲类，具有易燃、易爆、易蒸发、易产生和积聚静电、易积聚性等特点。以码头装卸汽油泄漏为例，汽油泄漏逐渐形成具有一定厚度和面积的液池，液池若被点火源引燃，将引发池火；若汽油蒸发产生的汽油蒸气在空气中持续扩散，当扩散浓度达到爆炸极限时，出现点火源，将发生爆炸事故。

本文以码头装卸汽油火灾、爆炸事故为顶事件，构建故障树模型分析其风险。作者经过对我国大连港、北部湾港等地的调研，结合行业相关专家的意见，确定本故障树模型选取：1 个顶事件；13 个中间事件；32 个基本事件作为触发事件和影响因子。故障树模型图见图 1-4，各事件的字母代码及名称见表 1-1。

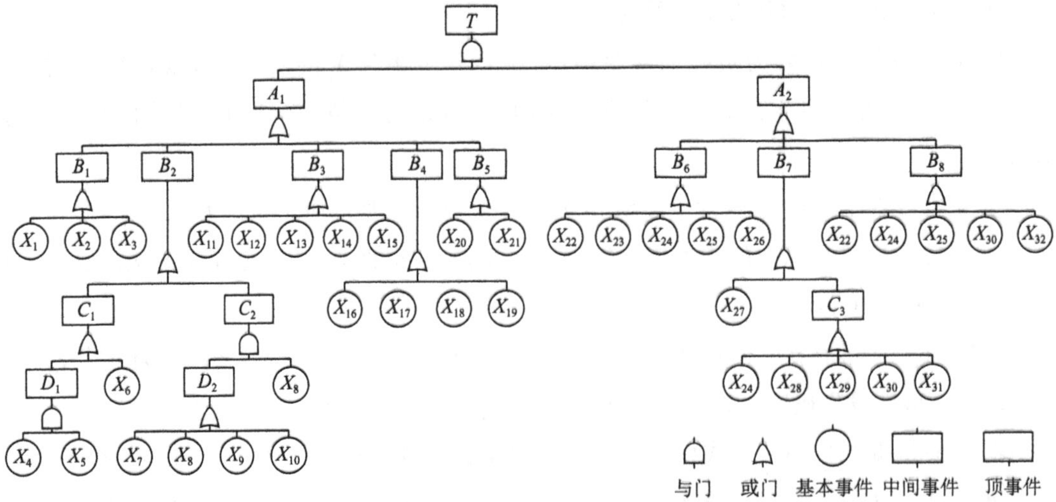

图 1-4　码头装卸汽油火灾、爆炸事故故障树模型

码头装卸汽油火灾、爆炸事故事件表　　表 1-1

事件类型	字母代码	事件名称
顶事件	T	码头汽油装卸火灾、爆炸
中间事件	A_1	点火源
	A_2	泄漏
	B_1	明火
	B_2	静电火花
	B_3	电气火花
	B_4	摩擦、撞击火花
	B_5	机动车尾气火花
	B_6	储罐泄漏
	B_7	输油臂泄漏
	B_8	管道泄漏
	C_1	人身静电火花
	C_2	油品静电火花
	C_3	内外臂破裂
	D_1	身体静电
	D_2	油品静电集聚
基本事件	X_1	违章动火作业
	X_2	附近船舶上明火
	X_3	吸烟或违章带入火种
	X_4	进入现场前没有触摸静电消除装置
	X_5	触碰不同电压导体
	X_6	化纤衣物静电火花
	X_7	流速过快
	X_8	接地不良
	X_9	油品里掺入水等杂质
	X_{10}	工艺、装置设计缺陷
	X_{11}	电气选型不当（如选择非防爆型电气）
	X_{12}	电气故障
	X_{13}	违章操作

续上表

事件类型	字母代码	事件名称
基本事件	X_{14}	短路或过载
	X_{15}	输油臂绝缘法兰失效(船体杂散电流火化)
	X_{16}	人员穿钉鞋
	X_{17}	金属软管、铁质工具等与地面摩擦、撞击
	X_{18}	设备轴承没有及时保养
	X_{19}	车辆或设备等互相撞击
	X_{20}	进入现场机动车没有加装阻火器
	X_{21}	机动车阻火器失效
	X_{22}	阀门破损
	X_{23}	安全附件异常
	X_{24}	腐蚀泄漏
	X_{25}	基础不均匀沉降及不良自然条件等导致的开裂泄漏
	X_{26}	充装过量冒罐
基本事件	X_{27}	接口不严密
	X_{28}	台风等不良自然条件的影响
	X_{29}	船舶缆绳击打
	X_{30}	压力、温度过高
	X_{31}	装卸作业期间,船舶超限位移
	X_{32}	车辆、机械等外力冲撞

3.2 将故障树映射成贝叶斯网络

根据 2.2 节所述的映射方法,将图 1-4 的码头装卸汽油火灾、爆炸故障树模型映射成对应的贝叶斯网络,见图 1-5。节点间的条件概率表根据图 1-3、图 1-4 按与门、或门关系给出(为节省篇幅,不再赘述)。

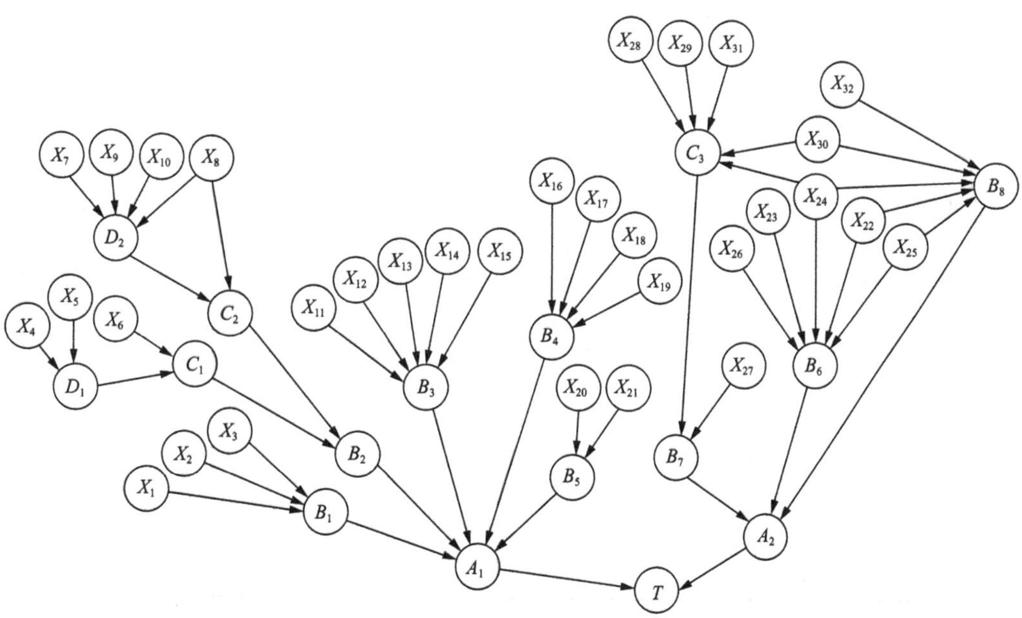

图 1-5 码头装卸汽油火灾、爆炸贝叶斯网络

根据图 1-5 所示的逻辑关系，码头装卸汽油火灾、爆炸贝叶斯网络中包含所有节点的联合概率分布函数为：

$$
\begin{aligned}
&p(t,a_1,a_2,b_1,b_2,\cdots,b_8,c_1,c_2,c_3,d_1,d_2,x_1,x_2,\cdots,x_{32}) \\
&= p(x_1)p(x_2)\cdots p(x_{32})p(d_1/x_4,x_5)p(d_2/x_7,x_8,x_9,x_{10})p(c_1/d_1,x_6) \\
&p(c_2/d_2,x_8)p(c_3/x_{24},x_{28},x_{29},x_{30},x_{31})p(b_1/x_1,x_2,x_3)p(b_2/c_1,c_2) \\
&p(b_3/x_{11},x_{12},x_{13},x_{14},x_{15})p(b_4/x_{16},x_{17},x_{18},x_{19})p(b_5/x_{20},x_{21}) \\
&p(b_6/x_{22},x_{23},x_{24},x_{25},x_{26})p(b_7/c_3,x_{27})p(b_8/x_{22},x_{24},x_{25},x_{30},x_{32}) \\
&p(a_1/b_1,b_2,b_3,b_4,b_5)p(a_2/b_6,b_7,b_8)p(t/a_1,a_2)
\end{aligned}
\tag{1-9}
$$

3.3 ANP 标定贝叶斯网络基本事件

按照德菲尔法对 32 个基本事件的基础数据（绝对数值的基本标度）进行收集，根据 2.3 节所述的 ANP 法，求出基本事件权重值，作为基本事件发生概率值，部分概率值见表 1-2。

基本事件发生的概率值 表 1-2

基本事件	标定概率值
X_1	0.00251
X_2	0.0076
X_3	0.0076
⋮	⋮
X_{15}	0.0142
X_{16}	0.02614
⋮	⋮
X_{32}	0.04807

3.4 计算重要度

根据式（1-3），求得结构重要度。为节省篇幅，列出部分基本事件的结构重要度见表 1-3。

结构重要度 表 1-3

基本事件	结构重要度
X_1	0.043209876543
X_2	0.043209876543
X_3	0.037037037037
⋮	⋮
X_{15}	0.018518518519
X_{16}	0.049382716049
⋮	⋮
X_{32}	0.100823045267

基本事件的结构重要度排序为：

I(27)=I(32)>I(26)>I(20)=I(11)=I(16)>I(1)=I(2)>I(22)=I(24)=I(31)>I(3)>I(30)=I(29)>I(4)=I(5)>I(18)=I(19)=I(21)=I(6)=I(12)=I(13)=I(14)=I(15)=I(17)>I(10)=I(8)

从结构重要度的定义来看，基本事件的概率值的大小对于结构重要度排序没有影响，仅从基本事件在故障树结构中所在的位置来看，X_{27}、X_{32} 最重要，其次 X_{26}，最不重要的是 X_8，在考虑油品码头火灾、爆炸事故治理措施以提高系统的安全性时，就可以优先安排针对 X_{27}、X_{32} 的项目。也可以按上述结构重要顺序，编制油品码头装卸火灾、爆炸安全检查表，以便重点项目优先检查，慎重处理。

同理，求得概率重要度及临界重要度，部分结果见表 1-4、表 1-5。

概率重要度 表 1-4

基本事件	概率重要度
X_1	0.338029738618
X_2	0.338029738618
X_3	0.324165292257
⋮	⋮
X_{15}	0.155671058198
X_{16}	0.377330394618
⋮	⋮
X_{32}	0.331552854357

临界重要度 表 1-5

基本事件	临界重要度
X_1	0.013441370697
X_2	0.040698971035
X_3	0.039029683879
⋮	⋮
X_{15}	0.035019597445
X_{16}	0.156258014109
⋮	⋮
X_{32}	0.252488627038

基本事件的概率重要度排序为：

Ig(11)>Ig(16)=Ig(20)>Ig(2)=Ig(1)>Ig(27)=Ig(32)>Ig(3)>Ig(26)>Ig(17)=Ig(18)=Ig(19)=Ig(13)=Ig(21)=Ig(14)=Ig(15)=Ig(12)>Ig(6)>Ig(24)=Ig(31)=Ig(22)>Ig(29)=Ig(30)>Ig(10)>Ig(8)>Ig(5)=Ig(4)>Ig(28)=Ig(9)=Ig(25)=Ig(7)=Ig(23)

从上述排序来看，缩小基本事件 X_{16} 的发生概率能使顶事件的发生概率下降速度较快，它比以同样数值缩小其他任何基本事件的发生概率都有效。其次是 X_{16}、X_{20}、X_2、X_1、X_{27}、X_{32}，最不敏感的是 X_{23}。

基本事件的临界重要度排序为：

Cg(27)>Cg(17)>Cg(32)>Cg(26)>Cg(16)>Cg(22)>Cg(13)>Cg(19)>Cg(14)>

Cg(12)>Cg(24)>Cg(2)>Cg(3)>Cg(20)>Cg(15)>Cg(21)>Cg(11)>Cg(6)>Cg(18)>Cg(30)>Cg(1)>Cg(31)>Cg(10)>Cg(8)>Cg(29)>Cg(5)=Cg(4)>Cg(28)=Cg(9)=Cg(25)=Cg(7)=Cg(23)

与概率重要度相比，基本事件 X_{16} 的临界重要度下降了，这是因为它的发生概率值较低。基本事件 X_{27} 的临界重要度提高了，这不仅是因为它的敏感度大，而且是因为它本身的发生概率值也较大。

3.5 小结

应用贝叶斯网络求解重要度，可以更全面反映事物的实际状态。如概率值 X_8（接地不良）大于 X_{32}（车辆、机械等外力冲撞），但 I(32)>I(8)、Ig(32)>Ig(8)、Cg(32)>Cg(8)，反映了无论从网络结构、概率变化、敏感度和自身发生概率的双重角度都比 X_{32} 大。从油品码头装卸实际情况来看，油品码头上会有检修车辆以及起重等机械作业，以往油品码头上车辆及机械冲撞管线及支架的案例较多，因此交通运输部于 2014 年发布的《港口安全设施目录》中特别提到码头上应设置防撞设施 / 防撞墩（桩）；油品码头设备及建（构）筑物接地对安全影响非常大，而现行法规要求危化品码头每半年进行一次防雷接地检测，因此 X_8 对于网络影响减小了。从上述看贝叶斯网络求解的重要度突破了从单一概率值表达影响程度的局限，显得更为客观、合理。

4 结语

在码头油品风险评估中，采用贝叶斯网络方法评估很少见。本文利用贝叶斯网络优势，将故障树模型映射为贝叶斯网络，结合 ANP 决策方法，有效地解决了油品码头装卸定量风险评估问题，大大扩展了贝叶斯网络和 ANP 应用范围。主要结论及展望如下：

（1）采用 Saaty 的 ANP 决策方法用网络结构关系取代递阶层次关系，标定基本事件之间相对概率大小的模糊权值，以此作为各基本事件的概率值，解决了常规方法无法解决的基本事件之间存在依存和反馈关系的问题，计算结果更准确、可信。同时也弥补了我国目前没有完备的油品码头事故数据库的现状。

（2）建立油品码头装卸风险评估模型贝叶斯网络，不但树形因果关系图逻辑关系清晰，而且不同层次间的条件概率关系表达准确。利用贝叶斯网络推理算法的优势，可以便捷计算出基本事件的重要度，从不同层面反映出基本事件对于事故发生的重要程度。

（3）将 ANP 决策方法和贝叶斯网络结合起来应用于油品码头装卸安全评估中，其分析结果对于找出油品码头装卸过程中的薄弱环节，改善工况等，更具有现实意义和针对性。

（4）油品码头装卸是个动态过程，本文构建的是一种基于静态逻辑和静态事故机理的贝叶斯网络，如何构建动态贝叶斯网络以便更准确地分析油品码头装卸过程风险是今后研究的重点。

参考文献

[1] 孙国庆，刘敏燕 . 港口危险货物安全管理与安全技术 [M]. 北京：人民交通出版社，2013.

[2] 罗云，樊运晓，马晓春 . 风险分析与安全评价 . 北京：化学工业出版社 .

[3] 侯志强，刘敏燕，彭思义，等 . 水运工程施工重大危险源风险评价关键技术研究 [J]. 中国安全科学学报 .2009 年第 19 卷第 5 期 .

[4] 国家安全生产监督管理总局 . 安全评价 [M]. 北京：煤炭工业出版社，2005.

[5] Cong Guangpei，Gao Jinji，Yang Jianfeng，Liu Wenbin.Risk Assessment Based on Fault Tree Analysis for Damaged Pipe Repair During Operation in Petrochemical Plant[J]. Transactions of Tianjin University Vol.19 No.1 2013.

[6] ZHAO Shiping，CHEN Zheng-cai，XUAN Ai-guo，HUANG Ting-ze.Application of FTA based on SDG-HAZOP for production of polypropylene[J].Journal of Safety Science and Technology.Vol.9 No.8 Aug.2013.

[7] Zhao L J，WANG X L，QIAN Y.Analysis of Factors that Influence Hazardous Material Transportation Accidents Based on Bayesian Networks：A Case in China[J].Safety Science，2012，50（4）.

[8] 中华人民共和国国家标准．危险货物分类和品名编号：GB 6944—2012［S］．北京：中国标准出版社，2012.

[9] 中华人民共和国国家标准．危险化学品重大危险源辨识：GB 18218—2009［S］．北京：中国标准出版社，2009.

[10] 中华人民共和国国家标准．生产过程危险和有害因素分类与代码：GB 13861—2009［S］．北京：中国标准出版社，2009.

[11] 李盼，樊建春，刘书杰 . 基于故障树与贝叶斯网络的钻井井塌事故的定量分析 . 中国安全生产科学技术 .2014 年 1 月第 10 卷第 1 期 .

[12] YADAV OP，SINGH N，GOEL PS.Reliability demonstration test planning：a three dimensional consideration[J]. Reliability Engineering and System Safety，2006，91（8）.

[13] Wallenius J，Dyer J.S.，Fishbum RC.，Steuer R.E，Zionts S.，Deb K.Multiple Criteria Decision Making，Multiattribute Utility Theory：Recent Accomplishments and What Lies Ahead Management Science[J].2008，54（7）.

[14] Laarhoven V, Pedrycs PJ.M.A fuzzy extension of Saaty's priority theory.Fuzzy set and Systems[J].1983, 11.

[15] Buckley J.J.Fuzzy Hierarchical Analysis.Fuzzy Sets and Systems[J].1985, 17(3).

[16] Chang D.Y.Applications of the extent analysis method on fuzzy AHP.European Journal of Operational Research[J].1996, 95(3).

[17] Belton v., Gear A.E. On a Short' coming of Saaty' s Method of Analytic Hierarchies.Omega-Intemational Journal of Management Science[J].1983, 11(3).

[18] Dyer J.S.Remarks on the Analytic Hierarchy Process[J].Management Science. 1990, 36(3).

[19] Saaty T.L.There Is No Mathematical Validity for Using Fuzzy Number Crunching in the Analytic Hierarchy Process. Journal of Systems Science and Systems Engineering[J].2006, 15(4).

[20] Saaty T.L., Iran L.T.On the invalidity of fuzzifying numerical judgments in the Analytic Hierarchy Process.Mathematical and Computer Modelling[J].2007, 46(7-8).

[21] Saaty T.L., Tran L.T. Fuzzy Judgments and Fuzzy set International Journal of Strategic Decision Sciences[J].2010, 1(1).

[22] 安慧,郑传军 . 基于 ANP-Fuzzy 的工程投标风险评价 [J]. 建筑经济 .2013 年第 11 期(总第 373 期).

[23] 周忠宝,董豆豆,周经伦 . 贝叶斯网络在可靠性分析中的应用 [J]. 系统工程理论与实践 .2006 年 6 月第 6 期 .

[24] 杨能普,杨月芳,冯伟 . 基于模糊贝叶斯网络的铁路危险货物运输过程风险评估 [J]. 铁道学报 . 第 36 卷第 7 期 .

[25] 何学秋 . 安全工程学 [M]. 北京:中国矿业大学出版社,2010.

[26] 中华人民共和国国家标准. 危险货物品名表:GB 12268—2012[S]. 北京:中国标准出版社,2012.

[27] 中华人民共和国行业标准. 装卸油品码头防火设计规范:JTJ 237—99[S]. 北京:中华人民共和国交通部发布,1999.

[28] Thomas L.Saaty. 网络层次分析法原理及其应用 [M]. 鞠彦兵,刘建昌,译 . 北京:北京理工大学出版社,2015.

2 从安全生产标准化角度审视港口企业存在的问题

摘要:为了对港口普通货物企业和危险货物企业存在的安全现状有更科学的认识,从而提出更有针对性的对策措施,从安全生产标准化角度分析了两类企业存在的问题。结合港口普通货物企业和危险货物企业近年来开展的安全生产标准化考评工作,在对典型的九家危险货物港口企业、六家普通货物港口企业存在的缺陷出现频次统计的基础上,提出了规范企业安全生产行为、改善安全生产条件、强化安全基础管理的重点对策措施,对于港口企业有效防范和遏制事故的发生具有重要的意义。

关键词:安全生产;标准化;港口;企业;普通货物;危险货物;缺陷

近年来,港区安全生产事故屡有发生,如2010年大连港新港发生的"7•16"火灾爆炸事故;2015年福建漳州古雷港区发生的"4•6"爆炸事故;2015年天津港"8•12"瑞海公司危险品仓库特别重大火灾爆炸事故。长期以来,港口营运企业生产作业不规范是事故多发的重要原因之一。

0 引言

安全生产标准化是指通过建立安全生产责任制,制定安全管理制度和操作规程,排查治理隐患和监控重大危险源,建立预防机制,规范生产行为,使各生产环节符合有关安全生产法律法规和标准规范的要求,人(人员)、机(机械)、料(材料)、法(工法)、环(环境)、测(测量)处于良好的生产状态,并持续改进,不断加强企业安全生产规范化建设。

2004年1月,国务院发布的文件《国务院关于进一步加强安全生产工作的决定》(国发〔2004〕2号)提出了开展安全质量标准化活动,要求制定和颁布重点行业、领域安全生产技术规范和安全生产质量工作标准,在全国所有工矿、商贸、交通运输、建筑施工等企业普遍开展安全质量标准化活动。这是开展安全生产标准化的早期文件，随后几年，国务院安委会、国家安全生产质量监督总局发布了一系列关于开展安全生产标准化的文件。2011 年国家安全监管总局先后下发《关于印发全国冶金等工贸企业安全生产标准化考评办法的通知》（安监总管四〔2011〕84 号）、《关于印发冶金等工贸企业安全生产标准化基本规范评分细则的通知》（安监总管四〔2011〕128 号），制定了考评发证、考评机构管理及考评员管理等实施办法，规范了工贸行业企业安全生产标准化建设工作。

交通运输部作为港口普通货物行业行政主管部门，于 2011 年 6 月 29 日下发了《关于印发交通运输企业安全生产标准化建设实施方案的通知》（交安监发〔2011〕322 号），标志着交通运输行业安全生产标准化工作正式启动。随后，2012 年交通运输部分别发布了《交通运输企业安全生产标准化考评管理办法》《交通运输企业安全生产标准化达标考评指标》以及《关于印发交通运输企业安全生产标准化考评管理办法和达标考评指标的通知》（交安监发〔2012〕175 号），要求各企业结合实际，抓好细化落实。港口普通货物企业安全标准化考评、发证工作是从 2013 年正式开始的，实施 4 年来，港口企业以强化筑牢安全生产工作“双基”（基层、基础）为重点抓手，以落实港口企业安全生产主体责任为主线，有效提升了企业安全生产水平和管理水平，为构建平安港口提供了可靠的保障。

1 港口普货安全标准化考评内容

港口营运企业安全生产标准化考评分值为 1000 分，其中安全生产标准化一级达标企业要求在 900 分以上；二级达标企业要求在 800 分以上；三级达标企业要求在 700 分以上。交通运输部水运科学院受部委托完成《一级港口普通货物码头企业安全生产标准化考评实施细则》和《一级港口危险货物码头企业安全生产标准化考评实施细则》（以下简称“考评细则”），其中危险货物考评细则内容包括 16 个类别，51 个考评要点，132 个考评扣分项；普货考评细则内容包括 16 个类别，51 个考评要点，126 个考评扣分项。两个考评细则中的 16 个类别基本相同，包括了安全目标、管理机构和人员、安全责任体系、法规和安全管理制度、安全投入、装备设施、科技创新与信息化、队伍建设、作业管理、危险源辨识与风险控制、隐患排查与治理、职业健康、安全文化、应急救援、事故报告调查处理、绩效考核与持续改进等，既包括了港口普货运营企业“软件（管理）”方面的内容，也包括了“硬件（设备）”方面的内容。同时，考评细则内容有以下几个特点：

（1）在设计常规指标的同时还设计了一些硬性指标。硬性指标主要是国家相关法律、法规、标准、规范中有明确要求的内容，比如在《中华人民共和国安全生产法》中对安全生产责任制有明确要求。硬性指标为否决项指标，有一项扣分，则企业不能达标。

（2）考评重点突出。在危险货物考评细则中突出了危险货物装备设施、作业管理等内容，这两部分的分值占到总分值的1/4以上，反映了对港口企业安全生产中“物的不安全状态”和“人的不安全行为”的重视，为规范企业装备设施和作业管理，力争达到本质安全奠定了基础。在普通货物考评细则中突出了普通货物港口作业管理、装备设施、队伍建设、应急救援、隐患排查、法规和安全管理制度等内容，这6部分的分值占到总分值的2/3，是港口普通货物码头企业安全管理应该重点关注的对象。

（3）注重企业的持续改进。考评细则在企业采纳法律法规的更新、管理制度和操作规程后续的修改完善以及应急预案的修订等进行了体现并赋予分值，促进了企业对持续改进的重视。

（4）鼓励企业进行科技创新与信息化建设。科技创新与信息化部分内容尽管不是考评细则中的硬性指标，但是也赋予了较高的分值，使企业认识到科技创新与信息化建设的重要性，并且愿意为此投入。

2 港口企业存在缺陷分析

自2011年，交通运输部水运科学研究院为交通运输部制定了《关于加强交通运输企业安全生产绩效考核的指导意见》（交安监发〔2011〕432号）以来，一直作为部安全生产标准化工作主要技术支撑机构之一。2013年2月，交通运输部水运科学研究院取得了交通运输部首批“交通运输部港口营运企业安全生产标准化考评机构资质证书”。四年来，由交通运输部水运科学研究院开展港口营运咨询和考评的138家企业，其考评报告及考评资料均得到了交通运输部安全与质量监督管理司的认可并在部网站公示，且全部取得了一级标准化企业达标证书。通过安全生产标准化工作的开展，交通运输部水运科学研究院为加强港口企业安全生产规范化管理，推进全员、全方位、全过程安全管理作出了重要贡献，同时也得到了港口企业和行业主管部门的一致认可和赞誉。

近几年，笔者作为考评组长先后参加了辽宁、广西、福建、广东等省（自治区）几十个港口营运企业安全生产标准化一级考评和咨询工作，根据考评中发现的问题整理和分析如下。

2.1 港口危险货物营运企业

本文选取某港九家通过一级安全生产标准化达标考评的港口危险货物企业进行分析。为了使选取的企业具有典型性和代表性，选取的九家企业所属码头均为万吨级以上危险货物码头。

（1）考评大类分析。

针对九家危险货物码头企业16大类存在的缺陷项频次进行统计，统计结果如图2-1所示。

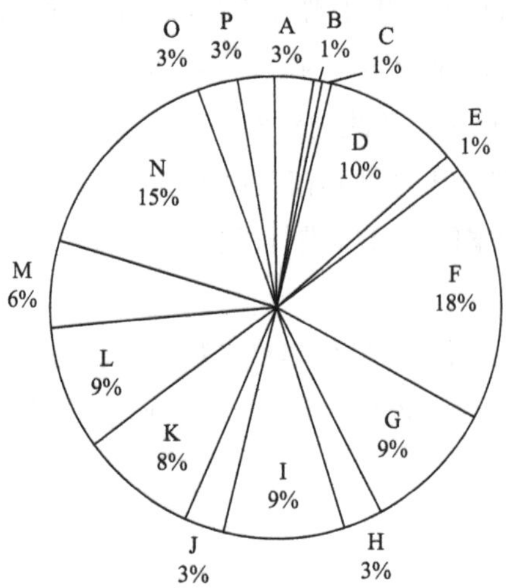

图2-1　16大类缺陷项出现的次数对比

图2-1为16大类存在的缺陷项的统计，各字母代表16大类及缺陷项数量分别如下：A安全目标（5次）；B管理机构和人员（1次）；C安全责任体系（1次）；D法规和安全管理制度（18次）；E安全投入（2次）；F装备设施（33次）；G科技创新与信息化（17次）；H队伍建设（5次）；I作业管理（16次）；J险源辨识与风险控制（5次）；K隐患排查与治理（15次）；L职业健康（16次）；M安全文化（11次）；N紧急救援（27次）；O事故报告调查处理（5次）；P绩效考核与持续改进（5次）。

从图2-1可以看出，装备设施中累计扣分项最多，达33次；其次为紧急救援，达27次；然后为法规和安全管理制度，达18次；科技创新与信息化，17次；作业管理16次；等等。说明危险货物码头企业配备装备设施以及设备设施的规范性方面存在的问题最为突出；其次是紧急救援存在的缺陷也较为突出；然后是企业对于适时获取贯彻、执行安全生产法律法规、标准规范，制定并执行安全管理制度方面还存在较多问题；另外企业对科技创新的投入以及信息化应用方面还做得不够；对现场作业管理、装卸作业管理、与企业相关方的管理等也有较多欠缺。

同时，从图2-1中也可以看出危险货物码头企业对企业的管理机构设置、人员的配备、安全责任体系的建立比较重视，扣分的企业较少。

（2）考评扣分较多的小项分析。

本文也对危险货物考评细则中的132个扣分小项进行统计，共71个扣分项被扣分，限于篇幅，仅将累计扣分5次及其以上共12个扣分项统计得到图2-2。

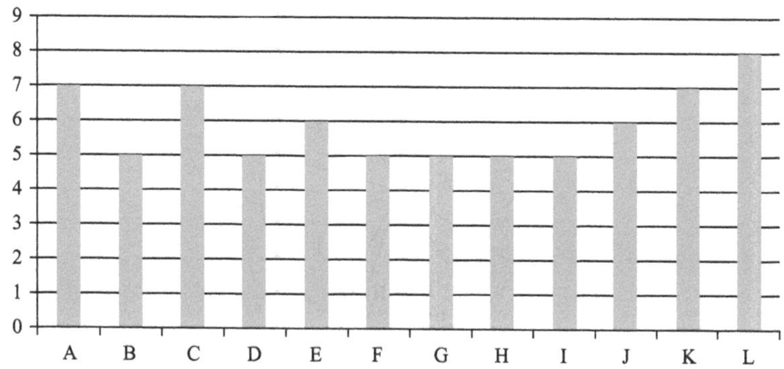

图 2-2　扣分 5 次以上的小项出现次数对比

图 2-2 中各字母代表的类别及数量分别如下：A 及时识别、获取适用的安全生产法律法规、标准规范（7 次）；B 将法规标准和相关要求及时转化为本单位的规章制度，贯彻到各项工作中（5 次）；C 按规定设置宣传告示设备、安全警告标志、指示牌（7 次）；D 按规定定期对设施设备维护保养，设备技术状况良好（5 次）；E 指定专人对特种设备进行管理（6 次）；F 按规定配置足够的防污应急器材，如：围油栏，收油机等，并保持完好状态（5 次）；G 组织开展安全生产科技攻关或课题研究（5 次）；H 按规定对隐患排查和治理情况进行统计分析，并向有关部门报送（5 次）；I 对从业人员进行职业健康宣传培训，使其了解其作业场所和工作岗位存在的危险因素和职业危害、防范措施和应急处理措施，降低或消除危害后果的事项（5 次）；J 建立应急装备使用状况档案，定期进行检测和维护，使其处于良好状态（6 次）；K 定期评审应急预案，并根据评审结果或实际情况的变化进行修订和完善（7 次）；L 应急预案与当地政府预案保持衔接，报当地有关部门备案，通报有关协作单位（8 次）。

从图 2-2 中可以发现，累计扣分较多的为：A（7 次）；C（7 次）；K（7 次）；L（8 次）。出现问题最多一项是企业应急预案方面没有按照要求去做，从近年来发生的事故来看，许多事故就是由于应急响应不及时或不恰当导致小事故演变成大事故甚至特重大事故。这一问题的出现也说明了企业对待这一问题的不重视。另外，存在较多问题的还有对安全生产相关法律法规、标准规范获取和学习不及时；安全标志标牌和宣传还不够等。

2.2　港口普通货物营运企业

本文选取某港六家通过一级安全生产标准化达标考评的港口普通货物企业进行分析，六家企业所属码头均为万吨级以上散杂普通货物码头。

（1）考评大类分析。

针对六家普通货物码头企业 16 大类存在的缺陷项频次进行统计，统计结果如图 2-3 所示。

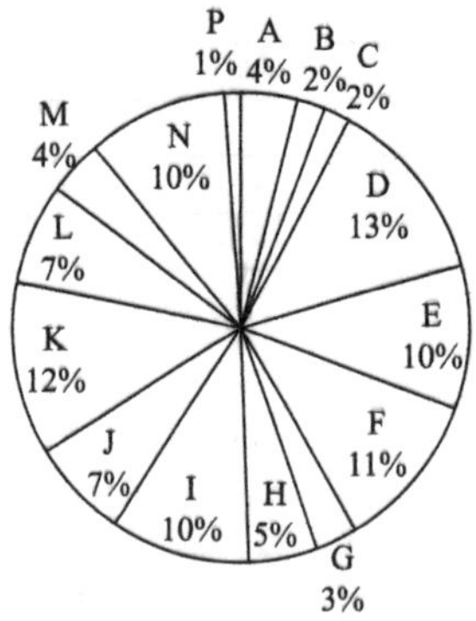

图 2-3　各类缺陷项出现次数所占百分比

图 2-3 为 16 大类存在的缺陷项的统计，各字母代表 16 大类及缺陷项数量分别如下：A 安全的目标（4 次）；B 管理机构及人员（2 次）；C 安全责任体系（2 次）；D 法规及安全管理制度（13 次）；E 安全投入（10 次）；F 装备设施（11 次）；G 科技创新与信息化（3 次）；H 队伍建设（5 次）；I 作业管理（10 次）；J 危险源辨识与风险控制（7 次）；K 隐患排查与治理（12 次）；L 职业健康（7 次）；M 安全文化（4 次）；N 应急救援（10 次）；O 事故报告调查处理（0 次）；P 绩效考核与持续改进（1 次）。由于事故报告调查处理出现次数为 0，所占百分比为 0，故在图上不显示。

从图 2-3 及上述统计资料可以看出，与法规和安全管理制度相关的缺陷有 13 次；与隐患排查和治理相关的缺陷有 12 次；与装备设施相关的缺陷有 11 次；等等。这也就说明港口普通货物码头企业在法规和安全管理制度方面存在的问题较为突出。存在问题较多的项还有：隐患排查和治理、装备设施管理和防护工作不到位等。此外，与安全投入、作业管理和应急救援相关的方面也有较多的欠缺。

同时，从图 2-3 中也可以看出普通货物港口企业对事故报告调查处理、绩效考核与持续改进等方面比较重视，在考评中没有扣分或扣分较少。

（2）考评扣分较多的小项分析。

针对普通货物的考评细则中的 126 个扣分小项进行统计，共 49 个扣分项被扣分，限于篇幅，仅将累计扣分 3 次及其以上共 17 个扣分项统计得到图 2-4。

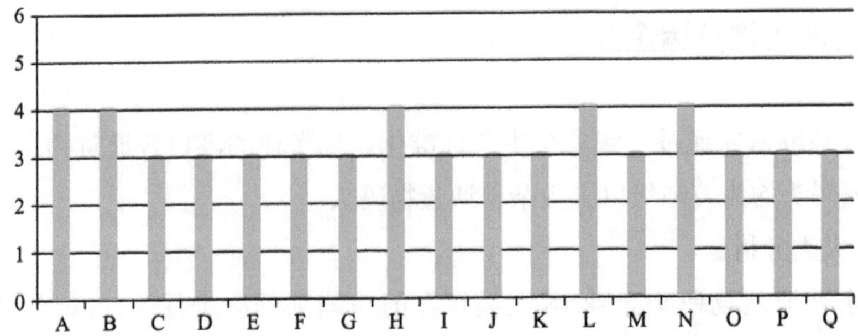

图 2-4　扣分 3 次及其以上的小项出现次数对比

图 2-4 中各字母代表的类别及数量分别如下：A 及时获取、识别适用的安全生产法规、标准和规范（4 次）；B 将法规、标准和相关要求及时转化为本单位的规章制度，贯彻到各项工作中（4 次）；C 及时投入满足安全生产条件的所需资金（3 次）；D 跟踪、监督安全生产专项经费使用情况（3 次）；E 建立安全费用使用台账（3 次）；F 按规定设置宣传告示设备、安全警告标志、指示牌（3 次）；G 指定专人对特种设备进行管理（3 次）；H 对培训效果进行评审，改进提高培训质量（4 次）；I 建立临水作业、危险作业、进入受限空间、高处作业、临时用电、生产现场动火等审批制度，明确责任部门、人员、许可范围、审批程序等，并落实到位（3 次）；J 对短期合同工、临时用工、实习人员、外来参观人员、客户及其车辆等进入作业现场有相应的安全管理制度和措施（3 次）；K 及时对作业活动和设备设施进行危险、有害因素识别（3 次）；L 对各种安全检查所查出的隐患进行原因分析，制定针对性控制对策（4 次）；M 制定隐患治理方案，包括目标和任务、方法和措施、经费和物资、机构和人员、时限和要求（3 次）；N 为从业人员提供符合职业健康要求的工作环境和条件，配备与职业健康保护相适应的设施、工具（4 次）；O 应急预案与当地政府预案保持衔接，报当地有关部门备案，通报有关协作单位（3 次）；P 定期评审应急预案，并根据评审结果或实际情况的变化进行修订和完善（3 次）；Q 建立应急装备使用状况档案，定期进行检测和维护，使其处于良好状态（3 次）。

存在问题最多的是：对安全生产相关法律法规、标准规范获取、转化落实不及时；企业没有对培训效果进行评审或没有改进提高培训质量的措施；没有对查出的隐患进行原因分析或制定的控制对策针对性不强；对职业健康还不够重视等。上述统计数据表明部分普通货物港口企业存在的缺陷是一致的，应当引起企业和行业主管部门的重视。

3 行业存在的问题

港口营运企业安全生产标准化实施，为规范企业安全生产行为，改善安全生产条件，强化安全基础管理，防范和坚决遏制事故的发生发挥了重要的作用。4 年来，在走访调研港口企业和安全标准化咨询及考评工作中，也发现了一些问题：

（1）个别企业不够重视。主要表现在：一是到目前为止还有老企业没有开展安全生产标准化工作或没有取得达标证书；二是个别企业仅仅是为了取得达标证书而开展标准化工作，没有将安全标准化工作实实在在落到实处，借标准化工作提升安全管理水平。

（2）监管激励政策还不健全。交通运输部规定：港口营运企业安全生产标准化建设等级分为一级、二级、三级，其中一级为最高等级，三级为最低等级，但港口危险货物营运不设三级，二级为最低等级。目前，通过达标的港口营运企业，无论等级高低均没有与奖惩或绩效挂钩，导致港口企业对高等级标准化建设和申请积极性不高。其部分表现在：一是部分港口没有一级标准化达标企业；二是已取得标准化达标证书二级和三级的港口企业，在三年换证评审时，极少有企业向更高级别申请。

（3）咨询中介乱象丛生。有的企业为了省事，将安全生产标准化要求的所有资料都委托给中介机构来完成。部分中介机构为了节省时间和人力，制定的安全方针、目标和管理制度等资料千篇一律，与企业现实管理严重脱节。

（4）考评细则内容不够完善。目前使用的考评细则还没有修订过，细则中各大类内容有较多处重复，个别内容存在针对性不强；要求不够具体；操作性不强等问题。

参考文献

[1] 翟久刚. 中国水运能力发展战略研究 [D]. 武汉：武汉理工大学，2002.

[2] 张华. 我国水运行业国际竞争力比较研究 [D]. 北京：对外经济贸易大学，2007.

[3] 中华人民共和国国家标准. 危险货物分类和品名编号：GB 6944—2012[S]. 北京：中国标准出版社.

[4] 中华人民共和国行业标准. 企业安全生产标准化基本规范：AQ/T 9006—2010[S]. 北京：煤炭工业出版社.

[5] 国务院安全生产委员会. 国务院安委会关于深入开展企业安全生产标准化建设的指导意见 [N]. 国家安全生产监督管理总局国家煤矿安全监察局公告，2011（06）.

[6] 石少华. 新《安全生产法》解读第 3 讲尽职尽责强化安全管理 [J]. 电力安全技术，2015，（03）.

[7] 刘艳萍，曲福年，任佃忠，等. 安全生产隐患排查治理工作研究 [J]. 中国安全生产科学技术，2009，5（02）.

[8] 杨源，陈葵阳，包晓海. 危险源辨识、风险评价和风险控制全过程方法探讨 [J]. 石油化工安全技术，2005，（06）.

[9] 刘华成，苏志远，刘美君. 应急预案演练存在问题与改进建议 [J]. 石油化工安全环保技术，2010，（26）.

3 港区油品管道安全风险评估技术研究与实践

摘要：为了合理、精确地评估石化港区油品管道安全风险，结合港区油品管道的现实情况，提出了管道风险评估指标体系，并分别构建了港区油品管道安全风险 BP 神经网络评估模型和支持向量机评估模型。通过选取两类模型不同关键要素分别试算，达到了优化风险评估模型关键要素、提高评估精度的目的。在案例研究中，通过模型计算，找到了预测误差最小的模型，其累积相对误差仅为 0.76%，可以用来预测港区油品管道安全风险。

关键词：安全工程；风险评估；港区；油品管道；神经网络；支持向量机

0 引言

随着我国石化港区的大规模建设，港口油品储运安全越来越受到社会各界的重视。管道输送作为港口油品主要的运输方式之一，一旦管道发生泄漏、火灾、爆炸等事故，不仅会导致人员伤亡、财产损失和环境污染，还会产生较大的社会影响。近年来，油品管道事故屡有发生，如大连新港"7•16"原油管道火灾爆炸事故、青岛黄岛"11•22"原油管道泄漏爆炸事故等。长期以来，针对港区油品管道安全缺少系统的风险评估理论是事故多发的重要原因之一。

从 1865 年美国建成世界上第一条输油管道开始，管道的安全性就受到人们的重视，管道安全评估技术也在不断发展和进步中。Soszynska 应用组合模型和多种状态的可靠性进行管道风险评估，主要参数来自管道运行过程中的统计数据。1992 年，Muhlbauer 在《管道风险管理手册》第 1 版中，首次系统论述了管道风险评估模型和各种评估方法，通过对第三方损害、腐蚀、设计、误操作、泄漏、蓄意破坏、工作压力与人为失误、服务中断等设置权重和赋予分值，利用模型计算达到风险评价的目的。黄亮亮等提出了油品管道风险评估指标体系，指标包括第三方因素、本体缺陷、操作缺陷、管理缺陷等，通过计算每段管道的综合风险权重来评定风险等级。帅健等对油气管道失效可能性考虑了内、外腐蚀，以及第三方破坏、地面移动、设计/材料、运行，对失效后果考虑了对环境、高价值地区和居民的影响，应用层次模型实现了对输油管道的风险评价。

上述文献主要研究了长输油品管道风险，为港口油品管道安全风险评估研究提供了很好的基础。但由于我国缺乏港区油品管道事故数据库，且港区油品管道有别于一般的工业长输管线，既有研究成果不完全符合港区油品管道的实际情况。结合港区油品管道的特点，系统分析确定港区油品管道安全风险的影响因素及指标是实现港区油品管道安全风险评估的基础。

由于我国开展港区油品管道的风险管理起步较晚，只能得到短期内有限的数据和信息，而BP神经网络和支持向量机尽管产生背景不同，但均具有通过对有限样本的学习来预测未知数据点的能力。Guo Zhanglin等构建了BP神经网络模型，对天然气管道进行了风险评价。彭星煜等运用BP神经网络预测了油气长输管道的失效概率，为实现定量风险评估提供了基础数据。许桂梅运用支持向量机构建了飞机重着陆风险评价模型，并通过实例验证了支持向量机比神经网络具有更高的诊断精度，实现了飞机重着陆的风险评价。郭杰等利用支持向量机预测西气东输管道第三方破坏风险，将预测风险值进行对比后认为支持向量机预测风险是可行的。BP神经网络和支持向量机两种方法各有优缺点，影响两类模型计算精度的因素也较多，如BP神经网络模型计算的精度除依赖于隐层数、隐节点数、训练算法和传递函数外，还依赖于样本集数量及数据的维度等因素；支持向量机不仅依赖于核函数的选取和构造，还依赖于样本集数量及数据的维度等因素。本文选取BP神经网络不同数量隐层、不同数量隐节点、不同训练算法和不同传递函数，按照排列组合设计不同的BP神经网络模型进行计算，对比其精度，从中选出计算精度较高的模型；选取支持向量机不同的核函数，设计不同的支持向量机模型，对比其精度，从中选出计算精度较高的模型；然后将计算精度最高的BP神经网络模型和支持向量机模型进行对比，最终确定选用的模型。

1 评估指标体系及模型的构建

由于港区油品管道长度所限，在有限训练样本的条件下，选择合适的评估模型关键要素，对于提高模型的预测精度至关重要。本文在实地调研的基础上，首先提出港区油品管道风险评估指标及量化准则，然后介绍并分析影响BP神经网络评估模型和支持向量机模型计算精度的关键要素。

1.1 “ID”评估指标体系构建

目前，我国还没有机构或学者系统研究港口油品管道风险评估指标体系。准确把握港口油品管道的特点，是建立其指标体系的基础。港口油品管道与一般的工业长输油品管道相比，其主要特点为：港口油品管道临江或临海，腐蚀问题较为突出；港口油品管道一般采用地上支柱（架）架设，港口作为综合交通枢纽，进出罐车及检修车辆较为频繁，对管道的安全影响大；港口油品管线处于港区封闭区域内，所受到的外部影响较小；港口油品管道一般是从码头到油库，管道较一般的长输管道短，受地质变化、环境差异等因素影响小等。

港口油品管道主要失效方式有管道内腐蚀、管道外腐蚀、凝管（原油、重油等油品）、疲劳开裂、第三方破坏、盗油、设计及施工缺陷等。根据对东北、北部湾等地港口的调研，结合港口油品管道发生的事故，从外观检查（Appearance Inspection）和检测（Detection）两方面（简称“ID”）来确定港口油品管道风险评估指标体系。

1）外观检查量化指标体系及量化准则

港口油品管道外观检查主要依靠检查人员的现场经验和专业知识，对管道的安全性做出感官判断。外观检查的主要指标有支柱（架）破损、无管托导致的腐蚀、大气导致的腐蚀、管道标识缺陷、泄漏、安全保护装置和安全附件损坏、支柱（架）不均匀沉降、管道变形明显等。外观检查指标体系见图 3-1。

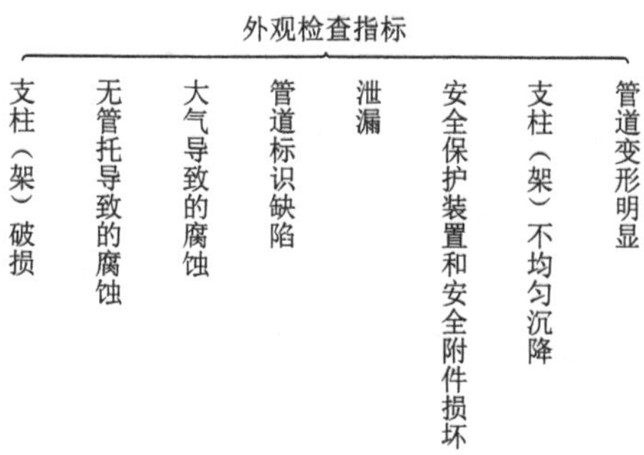

图 3-1　外观检查指标体系

其中，支柱（架）破损主要是由于管道支柱（架）无防护或防撞设施，港内罐车、检修车辆对支柱（架）碰撞、剐蹭导致破损；无管托导致的腐蚀是由于架设的管道在支座处没有管托，雨水在管道和支点处集聚导致管道腐蚀，这种情况在老旧港区内会经常见到；大气导致的腐蚀是由于港区油品管道一般为金属材质，临江或临海地区湿度大且大气中氯离子浓度较高，在大气自然环境条件下金属管道易发生腐蚀；管道标识缺陷是指管道没有或缺少警示、安全等标识；泄漏是由于管道破损或法兰连接等原因出现的油品流出或漏出管道外；安全保护装置和安全附件损坏是指管道的紧急切断阀、安全阀、法兰等发生损坏；支柱（架）不均匀沉降是指由于基础原因引起的沉降，会直接导致管道在各支柱（架）处受力不均衡；管道变形明显是指在外力作用下管道截面形状发生较大改变。

通过以上分析，采用德菲尔法征询港口安全生产、安全监管、管道安全研究等方面专家意见，对油品管道外观检查各主要指标按照不同状态进行描述并量化取值，见表 3-1 ～表 3-4。

支柱破损量化值 表 3-1

支柱破损	无破损	破损程度较轻，有车辆、机械碰撞痕迹	部分混凝土表皮脱落，但无露筋	有混凝土脱落，露筋
分值	0	1	2	3

无管托导致的腐蚀量化值 表 3-2

无管托导致的腐蚀	有管托	无管托，管道保护层腐蚀较轻	无管托，管道保护层腐蚀中等，影响保护作用	无管托，管道保护层腐蚀严重，起不到保护作用
分值	0	1	2	3

大气导致的腐蚀量化值 表 3-3

大气导致的腐蚀	基本未腐蚀	保护层腐蚀较轻	保护层腐蚀中等，影响保护作用	保护层腐蚀严重，起不到保护作用
分值	0	1	2	3
大气导致的腐蚀	绝缘层破坏较轻	绝缘层破坏中等		绝缘层破坏严重，深入到防腐层
分值	4	5		6

管道标识缺陷量化值 表 3-4

管道标识	齐全	有但不齐全	基本齐全	无
分值	0	1	2	3

外观检查指标体系中的泄漏、安全保护装置和安全附件损坏、支柱（架）不均匀沉降、管道变形明显等指标，根据交通运输部 2016 年发布的《危险货物港口作业重大事故隐患判定指南》，属于重大事故隐患，需要进行局部或全部停产停业，整改治理，因此本文对上述指标不做量化处理。

2）检测量化指标体系及量化值

港口油品管道检测指标数据来源于有资质的专业压力容器检测机构出具的检测检验报告。检测指标主要有安全状况等级、压力管道级别、腐蚀余量、防雷装置、管道振动等。管道安全状况等级和压力管道级别是按照《在用工业管道定期检验规程》（2003 年 6 月 1 日起实施）规定进行划分的。腐蚀余量是为设备预留的在设备使用寿命内可能腐蚀的厚度。防雷装置是指接闪器、引下线、接地装置、电涌保护器（SPD）及其他连接导体。管道振动是由于压力波动或两相流动等原因引起的管体振动。检测指标体系见图 3-2。检测报告中各指标量化值见表 3-5 和表 3-6。

另外，腐蚀余量以腐蚀程度检测的实测值作为量化指标；防雷装置尽管检测的数值有差别，但只要符合标准要求即认为是合格的，量化取值为 0，不符合标准要求，量化取值为 3；管道振动具体视不同管段振动情况检测而定，选取振动频率及振幅作为量化指标。

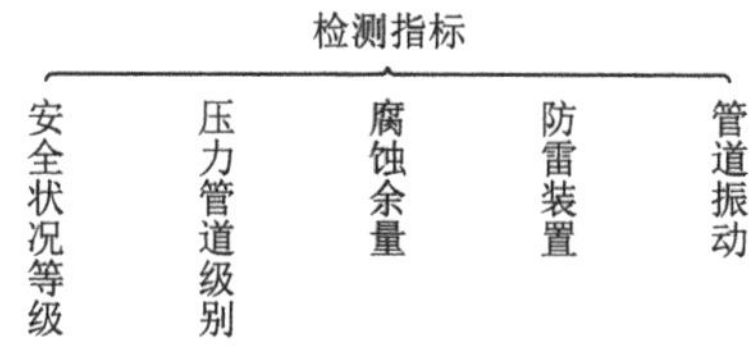

图 3-2　检测指标体系

安全状况等级量化值　　表 3-5

等级	能安全使用（Ⅰ）	在设计条件下，规定周期内能安全使用（Ⅱ）	在限定周期及条件下使用（Ⅲ）	判定报废（Ⅳ）
分值	0	1	2	3

压力管道级别量化值　　表 3-6

等级	非 GC 级	GC3 级	GC2 级	GC1 级
分值	0	1	2	3

1.2　评估模型构建

1）神经网络模型关键要素设计

影响神经网络收敛速度及计算精度的因素有很多。影响神经网络模型计算精度的隐层数、隐节点数、传递函数、训练算法被称为“关键要素”，通过改变关键要素参数试算以寻找计算精度最优的模型。

（1）隐层数。

1 个隐含层基本能够解决一般神经网络预测问题，但计算精度不一定最佳。隐含层数并非唯一确定，一般通过试验来得到，本文分别采用 1、2 个隐含层进行试算。

（2）隐节点数。

从试验结果来看，隐含层节点数过少，网络可能无法收敛；节点数太多，又使学习时间过长，误差也不一定最小。本文通过逐渐增加隐含层节点数，改善网络与训练组匹配的精确度。

（3）传递函数。

在多层感知器神经网络中，每个神经元都是信号传递的节点，能接收多个输入

信号 $a_1, a_2, \cdots, a_n$；并对每个信号进行加权 w_{ij}。将加权后的结果求和并加上阈值 b_j 作为神经元的总输入，最后将传递函数 h 作用于总输入得到神经元的输出。

$$OT_j = h\left(\sum_i w_{ij}a_i + b_j\right)$$

式中，h 为传递函数，用于建立神经元输入与输出之间的关系。在实际应用中，可选的传递函数有多种，常用的传递函数如下。

线性函数：$h(S)=S$

正切 Sigmoid 传递函数：$h(S)=\frac{e^{S}-e^{-S}}{e^{S}+e^{-S}}$

对数 Sigmoid 传递函数：$h(S)=\frac{1}{1+e^{-S}}$

式中，$S=\sum_{i} w_{ij}a_i+b_j$，是神经元 j 的总输入。

（4）训练算法。

常用的训练算法有 L-M 优化算法、贝叶斯正则化算法、批梯度下降法、Plwell-Beale 算法等。

2）支持向量机模型关键要素设计

本文将影响支持向量机模型计算精度的核函数称为“关键要素”，通过改变关键要素试算以寻找计算精度最优的模型。核函数就是用非线性变换 Φ 将 n 维矢量空间空的随机矢量 x 映射到高维特征空间，在高维特征空间中设计线形学习算法，若其中各坐标分量间的相互作用仅限于内积，则不需要知道非线性变换 Φ 的具体形式，只要用满足 Mercer 条件的核函数替换线形算法中的内积，就能得到原输入空间中对应的非线性算法。常用的满足 Mercer 条件的核函数有线形核函数、多相式核函数、径向基（RBF）核函数和 Sigmoid 核函数等，选用不同的核函数可构造不同的支持向量机。

3）量化指标的处理

本评估方法是对正常运营的港口油品管道综合风险的评估，在 1.1 节“ID”评估指标体系中，对于某具体港口企业，如有一项指标不符合规范、标准要求，则该管段为不合格产品，在评估时应予以剔除。对于同一指标在各管段取值相同的情况，可不考虑该指标对管道综合风险影响的差别，如防雷装置、管道振动等。

有时学习样本在神经网络和支持向量机模型学习时很难收敛，就需要对学习样本数据采取归一化处理。处理后，有时会得到事半功倍的效果，加快学习速度，提高计算精度。

4）模型构建和优化流程

针对神经网络模型，应用 MATLAB 语言来编程计算。将训练样本和预测样本数据保存于 Excel 2007 文件中，利用 MATLAB 程序调用 Excel 中的数据，并对数据进行归一化处理。

针对支持向量机模型，利用 LIBSVM 3.0 软件平台构建模型进行计算。在 DOS 系统下编制回归分析程序调用 LIBSVM 3.0 软件来实现预测精度对比。

模型构建与优化流程见图 3-3。

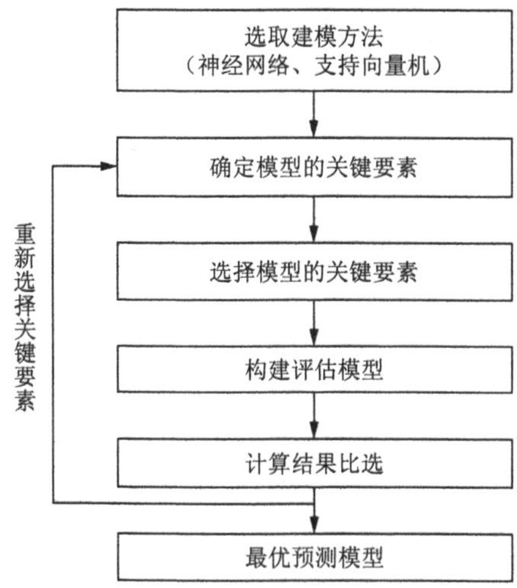

图 3-3　模型构建与优化流程

2　实例分析

2.1　“ID”指标体系量化

1）概况

我国南方某港口企业的码头与后方陆域罐区通过栈桥连接，码头输油臂与罐区通过管道（以下简称“管道”）相连，工作介质为原油。管道为 Ø426×12，管道级别 GC2，设计压力 2.5MPa，工作温度 60℃，设计温度 80℃。管道绝热层材料为岩棉，厚度 120 mm；防腐层材料为环氧富锌底漆，设计腐蚀余量 1mm；敷设方式为支柱架空。

2）指标的选取及量化

按照管道支柱位置，将管道分为 15 段，从码头至罐区依次编为 01 ～ 15。

经外观检查管道未发现有泄漏、安全保护装置和附件外观损坏、变形等情况，但各段管道存在不同程度的缺陷，主要表现在支柱破损、无管托导致的腐蚀、大气导致的腐蚀及损坏、管道标识缺陷等。根据质量监督部门出具的检测检验报告，各段管道级别均为 GC2，防雷装置检测符合标准要求，管道振动不显著，因此上述 4 项指标不作为评估指标考虑，仅将安全状况等级、腐蚀厚度列入评估指标。根据外观检查及检测结果，按照表 3-1 ～表 3-6 量化为表 3-7。

综合风险值由 20 名港口安全生产、安全监管、管道安全研究专家打分后归一化得到。

管道"ID"评估指标量化值　　表 3-7

编号	支柱破损	无管托导致的腐蚀	大气导致的腐蚀及损坏	管道标识缺陷	安全状况等级	腐蚀厚度
1	0	1	0	1	1	0.9
2	1	2	1	0	1	0.6
3	1	1	2	1	2	0.8
4	2	2	3	1	2	0.8
5	0	2	1	2	2	0.5
6	0	2	1	1	2	0.5
7	1	1	1	1	2	0.6
8	2	1	2	1	2	0.6
9	3	3	4	2	2	0.5
10	0	3	0	2	2	0.5
11	0	2	1	1	2	0.6
12	1	3	5	3	3	0.4
13	0	2	6	2	3	0.4
14	2	2	2	2	2	0.5
15	3	3	3	2	2	0.4

2.2 评估模型设计

1）神经网络模型设计

按照 1.2 节方法，应用 MATLAB 语言编程构建神经网络风险预测模型。将表 3-7 中编号为 01 ～ 12 的量化值作为模型的训练样本，编号为 13 ～ 15 的量化值作为预测样本，并保存于 Excel 2007 文件中。利用 MATLAB 程序调用 Excel 2007 中的数据，并对数据进行归一化处理。针对不同隐层数量、不同隐节点数量、不同训练算法、不同传递函数进行排列组合，构建模型试算。

经试算，单隐层条件下，当隐层有 2 个节点、采用贝叶斯正则化算法、隐层采用对数 Sigmoid 函数、输出层采用正切 Sigmoid 函数时，模型计算精度最高；双隐层条件下，当第一隐层为 5 个节点、第二隐层为 2 个节点、第一隐层采用正切 Sigmoid 函数、第二隐层采用对数 Sigmoid 函数、输出层采用线性函数、采用贝叶斯正则化训练算法、基于梯度下降法的学习函数时，模型计算精度最高。

2）支持向量机模型设计

应用 LIBSVM 3.0 软件平台构建支持向量机风险预测模型。在 DOS 系统下编制回归分析程序调用 LIBSVM 3.0 软件来实现风险预测。支持向量机的惩罚因子 C 和不敏感参数 g 通过参数寻优获得。同样，将表 3-7 中编号为 01 ～ 12 的量化值作为模型的训练样本，编号为 13 ～ 15 的量化值作为预测样本。试算结果表明，选用不同的核函数对计算精度影响较大，但预测精度均不理想，预测精度较高的模型为 RBF 核函数的 ε–SVR 型预测模型。

3）两类方法结果对比

将上述预测精度最高的单隐层、双隐层神经网络模型和支持向量机模型预测精度做对比，见图 3-4。从图 3-4 可以看出，双隐层神经网络预测模型所得结果精度最高。经计算，单隐层神经网络模型、双隐层神经网络模型和支持向量机模型的计算值累积相对误差分别为 1.43%、0.76% 和 26.96%，因此可知，双隐层神经网络模型预测精度最高。

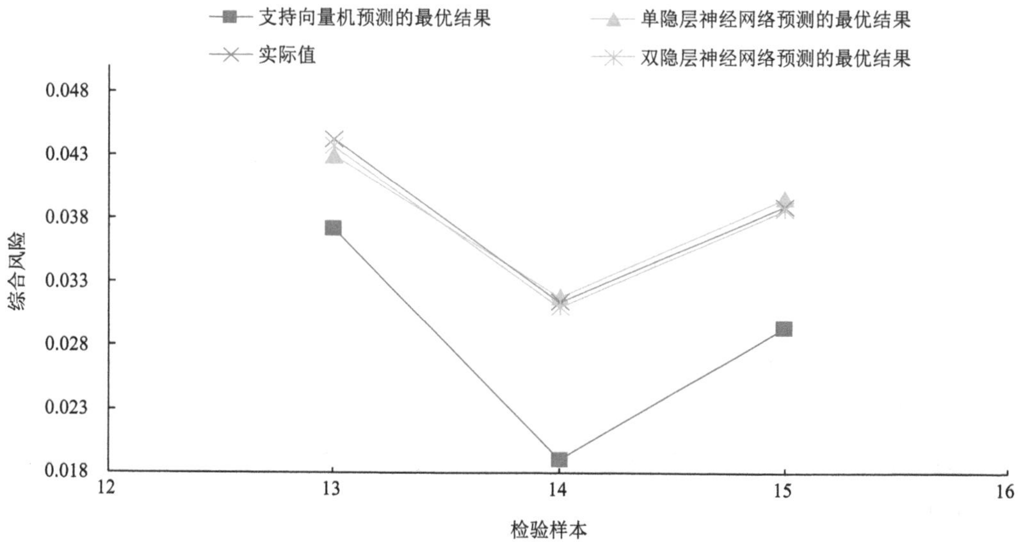

图 3-4　各预测模型的预测结果对比

3　结论

本文在油品管道风险评估研究中，提出了基于“ID”的港口管道风险评估指标体系，该指标体系考虑因素较为全面，可操作性较强。针对已有研究主要集中在神经网络或支持向量机模型单一方法的探讨，涉及两种方法预测精度的优选，特别是普适性方面的研究相对较少的问题，在利用该指标体系进行预测时，分别构建了港区油品管道安全风险改进 BP 神经网络评估模型和支持向量机评估模型，讨论了影响两类模型收敛速度及计算精度的关键要素，给出了模型优化和优选的流程。在实例分析中，通过选取两类模型不同的关键要素分别试算，优化了模型关键要素，找到了安全风险评估精度较高的模型，该模型的累积相对误差仅为 0.76%，可以用来预测港区油品管道安全风险。

参考文献

[1] Joanna Soszynska. Reliability and risk evaluation of a port oil pipeline transportation system in variable operation conditions[J].International Journal of Pressure Vessels & Piping，2010，87（2）.

[2] Muhlbauer W Kent. Pipeline risk management manual[M]. New York：Gulf Publishing Company，1992.

[3] Muhlbauer W Kent. Pipeline risk management manual[M].（2nded）. New York：Gulf Publishing Company，1996.

[4] 黄亮亮，姚安林，鲜涛，等 . 考虑脆弱性的油气管道风险评估方法研究 [J]. 中国安全科学学报，2014，24（7）.

[5] 帅健，党文义，狄彦 . 输油管道的风险评价 [J]. 油气储运，2009，28（2）.

[6] DONG Hang，WEI Lixin，WANG Qiannan. A Study on Oil Pipeline Risk Assessment Technique Based on Fuzzy Analytic Hierarchy Process[J]. Open Petroleum Engineering Journal，2014，7（1）.

[7] Guo Zhanglin，Zhang Huanjun. The Gas Pipeline Risk Assessment Base on Principal Component Analysis and BP Neural.

[8] 彭星煜，刘力升，吕娜 . 基于 BP 神经网络的油气长输管道失效概率预测 [J]. 金属腐蚀控制，2009（5）.

[9] 许桂梅 . 民航机场跑（场）道事故风险管理技术研究 [D]. 南京：南京航空航天大学，2010.

[10] 郭杰，姚安林，蒋宏业 . 基于 SVM 的西气东输管道第三方破坏风险预测 [J]. 油气田地面工程，2011，30（5）.

[11] 李应红，尉询楷 . 支持向量机和神经网络的融合发展 [J]. 空 军 工 程 大 学 学 报（自然科学版），2005，6（4）.

[12] LU Yan，Wang Jia，Wei Wenpu，et al. Development and Application of Oil-Spill Risk Assessment Model for Offshore Pipeline[J]. J. Ocean Univ. China（Oceanic and Coastal Sea Research），2014，13（3）.

[13] 侯志强，陈一梅 . 基于神经网络的支流入汇对干流水位变化影响研究 [J]. 水科学与工程技术，2007（1）.

[14] 韩力群 . 人工神经网络教程 [M]. 北京：北京邮电大学出版社，2006.

[15] Liu Xiaosheng，Deng Zhe，Wang Tingli，et al. Real estate appraisal system based on GIS and BP neural network[J]. Transactions of Nonferrous Metals Society of China，2011，21（S3）.

[16] Martin T. HAGAN，Howard B. DEMUTH，Mark H Beale. Neural Network Design[M]. Britain：Martin Hagan，2014.

[17] 白鹏，张喜斌，张斌，等 . 支持向量机理论及工程应用实例 [M]. 西安：西安电子科技大学出版社，2008.

[18] 邓乃扬，田英杰 . 支持向量机 - 理论、算法与扩展 [M]. 北京：科学出版社，2009.

[19] Pai Pingfeng，Lin Chisheng. A hybrid ARIMA and support vector machines model in stock price forecasting[J]. Omega，2005，33(6).

[20] HSU C W，CHANG C C，LIN C J. A practical guide to support vector classification[M]. Taipei：Department of Computer Science National Taiwan University，2015，67(5).

[21] 周真，杨旭，金龙，等．支持向量机对多环芳烃毒性的定量构效预测[J]. 安全与环境学报，2017，17(4).

4 港口风险评估对象与评估方法耦合性分析

摘要：为了使港口风险评估结论更具有针对性，根据评估对象的特征及评估目的的不同，研究评估方法的选择法。通过分析港口评估对象与评估方法的典型特征，提出评估对象与评估方法之间典型特征比对关系，定义评估对象与评估方法的耦合度计算公式，提出耦合度隶属度概念及四种耦合度隶属度函数。实例研究表明，应用该种方法分析计算评估对象和所选用的评估方法的耦合度，可以使评估方法更有针对性，提升港口风险评估的质量。

关键词：港口；风险评估；对象；方法；耦合

0 引言

现代交通运输系统是铁路、公路、水路、管道和航空5种运输方式的有机结合。水路运输因其具有投资少、成本低、运量大、占地少等优点，成为我国综合运输体系中不可或缺的组成部分，也成为沿海和沿江地区部分货主首选的运输方式。港口是水陆联运的中转枢纽，也是水路运输的起点和终点。近年来，随着经济的发展和港口大规模建设，港口吞吐量逐年增长，港口安全事故屡有发生，如2015年天津港滨海新区“8•12”特别重大火灾爆炸事故；2015年福建漳州古雷港口“4•6”火灾爆炸事故；2010年大连“7•16”火灾爆炸重大事故等。港口安全已经引起了政府和社会的高度关注和重视。

港口风险评估是港口企业安全生产的重要保障措施之一，也是履行安全设施“三同时”的主要手段，不仅能有效提高港口生产的本质安全程度，还可以为各级港口生产监督管理部门的决策和监督检查提供有力的技术支撑。所谓“评估”是指“按照明确目标，测定对象的属性，明确其价值的过程”。就是在对系统进行评估时，要从明确评估目标开始，通过评估目标规定评估对象，并对其功能、特性等属性进行科学的测定，最后由测定者根据给定的评估目标规定评估对象，并把测定结果变化成价值，作为决策的依据。

各类风险评估方法很多，只有选择恰当的方法，才能作出科学决策，对港口进行科学的管理。国内外学者对评估方法论相关方面进行了研究。徐明强等归纳了技术评估研究的逻辑框架，认为在方法论层次上，各种技术评估活动有其共性。同时以平衡记分卡为例从三个方面说明了评估方法属性的提取方法。本文认为该文只是对评估方法属性的规范化描述介绍了基本的研究思想，其中分类方法过于笼统，针对具体的问题较难操作。刘智慧等分析了几种常见的综合评估方法，总结了不同方法的优缺点和适用范围，阐述了林业绿色经济评估方法的选择，比较了专家法与熵值法计算的差异性。该文采用的方法确定权重的原理差异较大，导致权重结果差别较大。此外，简单的线性组合可以发挥主客观的优点，但科学性难以保证。Sharman Lichtenstein 讨论了理想情况下风险评估方法应满足的条件，并对选择评估方法提出了需要考虑的 16 个方面因素，同时在澳大利亚两大组织中进行了实证研究。作者提出的特征提取方法在一定程度上解决了评估方法与对象的耦合性问题，但是应用者根据该方法提取典型特征，选择适当的评估方法仍有很大难度。

1 港口风险评估发展

港口风险评估工作起步于 1988 年，当时主要针对港口件杂货、集装箱、大型散货等码头装卸安全评价和石油化工码头火灾爆炸、毒气泄漏危险评价，以及散粮筒仓码头粉尘爆炸危险评价和职业危害评价。2004 年，交通运输部印发了《港口安全评价管理办法》的通知（交人劳发〔2004〕462 号），从此我国沿海与内河港口（不包括渔港、军港）的新建、改建、扩建和技术改造工程项目及港口生产经营单位按照办法要求全面开展安全评价工作。但此时交通行业监管的范围仅限于码头泊位及堆场，后方石化罐区涉及较少。

2013 年 12 月 7 日国务院第 32 次常务会议修订通过了《危险化学品安全管理条例》，在该条例发布之前，全国仅有少量的罐区纳入港口行政管理部门的安全监管范围内。该条例发布后，全国近万座储罐纳入港口行政管理部门的安全监管范围内。该条例第十二条规定：新建、改建、扩建储存、装卸危险化学品的港口建设项目，由港口行政管理部门按照国务院交通运输主管部门的规定进行安全条件审查。自此重新明确了港口行政管理部门的安全监管主体责任。随后，2012 年交通运输部公布了《港口危险货物安全管理规定》（中华人民共和国交通运输部令 2012 年第 9 号），对新建、改建、扩建从事港口危险货物作业的建设项目安全设施“三同时”及港口经营人的作业管理提出了要求。2014 年 8 月 31 日第十二届全国人民代表大会常务委员会第十次会议通过修改后的《中华人民共和国安全生产法》，对用于生产、储存、装卸危险物品的建设项目安全评价进行了规定。鉴于 2013 年修订后的《危险化学品安全管理条例》及 2014 年修改后的《中华人民共和国安全生产法》均已发布，交通运输部于2015年4月发布了《交通运输部关于进一步加强港口危险货物安全监管工作的通知》。之后，2015年发生了天津港“8•12”特重大爆炸事故，交通运输部针对事故暴露出的问题，于2016年2月发布了《交通运输部关于严格落实法律法规要求加强危险化学品港口作业安全监管的若干意见》。上述两个文件均是针对《港口危险货物安全管理规定》的补充说明。

《港口危险货物安全管理规定》自2013年施行以来，对指导各地做好港口危险货物安全管理工作起到了重要作用。但随着港口的快速发展，港口危险货物的吞吐量和仓储量越来越大、品种越来越多，安全管理压力日益增加。交通运输部深刻吸取重特大事故教训，全面梳理危险品管理法规，认真查找和分析安全管理、制度建设中存在的薄弱环节和突出问题，发现在安全管理制度、企业主体责任落实等方面还不够完善。交通运输部在征求了国家安全生产监督管理总局、有关交通运输（港口）管理部门、港口企业和科研院所等单位的意见的基础上，于2017年全面修订并重新公布了《港口危险货物安全管理规定》（中华人民共和国交通运输部令2017年第27号），对危险货物港口安全评价的相关内容也重新进行了规定。

2019年，交通运输部制订并发布了《危险货物港口建设项目安全预评价规范》《危险货物港口建设项目安全验收评价规范》，《危险货物港口作业安全评价导则》也即将于2020年上半年发布。在上述评价规范中，结合港口风险评估实际工作，推荐了几种评价方法，如安全检查表、LEC评价法、火灾爆炸指数评价法、故障树评价法、事件树评价法等。但是，在港口风险实际评估中，评估方法选择不当将达不到评估的目的，具体选用哪一种方法评估是个难题。因此，根据评估对象的特点，选用合适的评估方法是非常重要的工作。

2 风险评估耦合性分析

2.1 评估特征分析

分析评估对象与评估方法的耦合性，需要从评估基本定义出发。国内外专家和学者对于评估定义有许多自己的观点，而日本人三浦武雄对评估的定义被广泛接受，即认为评估是根据确定的目的来估量、测算对象系统的某方面或整体的属性，并将这种属性变为客观定量的数值或者主观效用的行为。从评估定义及评估实践来看，作为一个系统，评估具有如下特性：

（1）评估目的的明确性。评估前需要详细了解对象的评估需求和目的，评估需求和目的明确了，才能从中提炼出评估的典型特征，从而有针对性地选择评估方法。

（2）评估方法的耦合性。评估方法的选择是评估工作至关重要的环节，评估方法得当，就会得到正确的评估结论，而且会起到事半功倍的效果。如果评估方法不恰当，则可能会得到错误的结论或无法达到评估的目的，无法正确指导管理决策。因此，评估方法选择时应将评估对象与拟选择的评估方法典型特征进行比对，相互匹配则选择之；否则，需要重新选择评估方法比对。评估方法有时可能不唯一，但得到结论相同。

（3）评估结论的正确性。只有正确的评估结论才能指导管理决策，错误的评估结论会误导管理决策或达不到评估的目的。评估结论不仅与评估方法有关，还与评估者习惯、偏好等有关。

从上述评估特性可以看出，对评估对象和评估方法耦合性分析，需要提炼出两者的典型特征，进行比对，如图 4-1 所示。

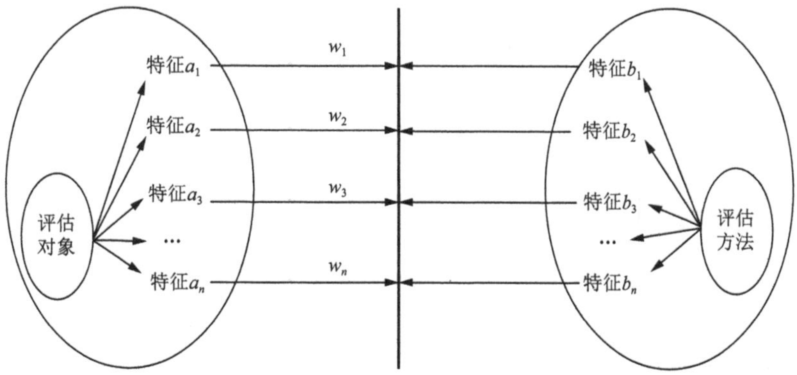

图 4-1　评估对象与方法典型特征比对

2.2 定义评估耦合度

从图 4-1 可以看出，通过对评估对象与评估方法两者的典型特征比对，其吻合程度越高，则两者的耦合性越好，越容易得出正确的评估结论，越接近事物的本质。针对耦合性进行定量度量需要定义耦合度。

定义：设评估对象有 a_i 个典型特征，w_i 为每个特征的权重系数；评估方法有 b_j 个典型特征。若两者有 n 个特征可以匹配，分别记为 (a_1,b_1)，(a_2,b_2)，…，(a_n,b_n)，则耦合度 $\xi=\dfrac{w_1+w_2+\cdots+w_n}{w_1+w_2+\cdots+w_i}, n\leqslant i, \xi\leqslant 1$。

一般情况下 $w_1=w_2=\cdots=w_i=1/i$，则 $w_1+w_2+\cdots+w_i=1$。

将评估对象与评估方法两者的典型特征进行比对，耦合度很高，则定义为全耦合；耦合度较高，则定义为耦合；耦合度一般，则定义为弱耦合；耦合度较差或完全不耦合，则定义为不耦合。按隶属度函数表达，其图形如图 4-2 所示。

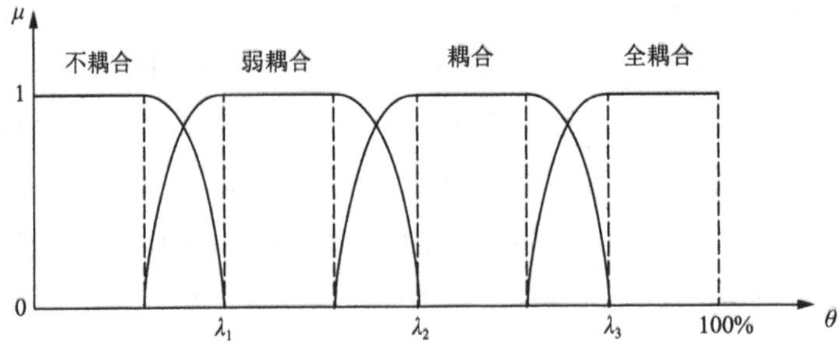

图 4-2 耦合度隶属度函数

当耦合度 $\lambda_3 \leqslant \xi \leqslant 100\%$ 时，称之为全耦合；当耦合度 $\lambda_2 \leqslant \xi < \lambda_3$ 时，称之为耦合；当耦合度 $\lambda_1 \leqslant \xi < \lambda_2$ 时，称之为弱耦合；当耦合度 $0 \leqslant \xi < \lambda_1$ 时，称之为不耦合。其中，$\lambda_i (i=1,2,3)$ 应根据评估对象、评估者的经验等来定。当评估对象与评估方法两者的耦合度为弱耦合或不耦合时，该评估方法不能用来对评估对象评估，应更改其他评估方法。

3 实例分析

3.1 实例基本情况

南方某油品码头进行汽油装卸作业，码头吨级为五万吨，输运方式为油品管线输运。油品主要流程为：码头后方汽油储罐—油泵—码头输油臂—油船。目前从作业工艺中筛选出 32 个与安全相关的因素，为了在日常安全管理中有重点地检查，需要对上述 32 个因素重要性进行排序。评估人员根据上述内容和评估目的，选用定量评估方法进行评估。首先将 32 个因素根据事故树建模方法构建油品码头作业事故树，同时用模糊评价法对 32 个因素进行权重计算；然后将事故树模型转化为贝叶斯网络，利用贝叶斯网络定量计算优势可以精确方便计算出 32 个因素的临界重要度；最后依照临界重要度对 32 个因素进行排序。根据排序结果可以对工艺安全重要性大的因素优先进行安全检查。

3.2 风险评估耦合性分析

不同的评估对象、不同的评估需求对评估方法的选择影响很大。本节在实例研究的基础上，结合 2.1 节风险评估耦合性分析内容，根据港口油品装卸的特征，提出油品港口风险评估对象与评估方法两者之间的耦合性判断指标。在分析油品码头装卸风险评估对象与方法耦合性的基础上，对耦合度进行计算。港口风险评估对象与评估方法间耦合性判断指标比对见图 4-3 所示。

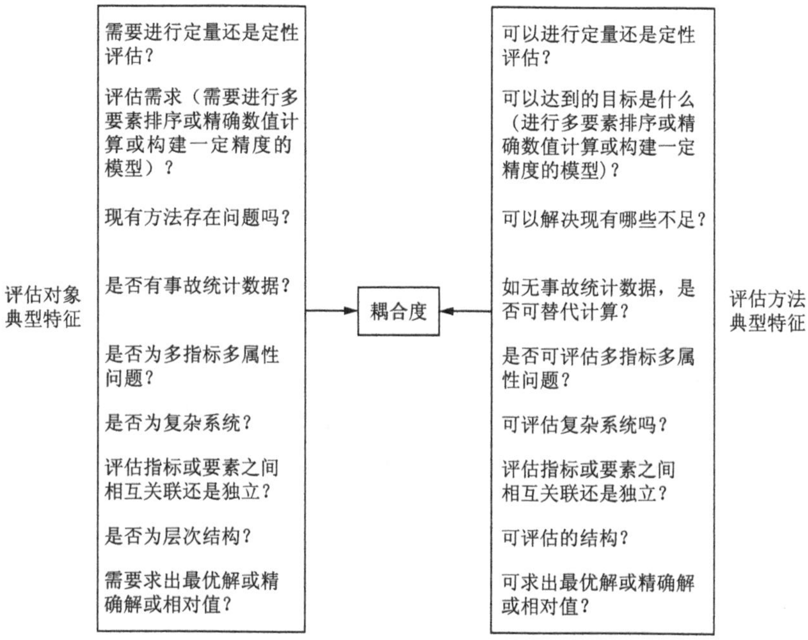

图 4-3　港口风险评估对象与评估方法间耦合性判断指标比对

按照图 4-3 所示，对码头油品装卸风险与 ANP 的贝叶斯网络评估方法进行耦合性判断指标比对，并进行耦合度计算，具体过程见表 4-1。

码头油品装卸风险评估对象与方法耦合性分析与计算　　表 4-1

序号	评估对象典型特征	评估方法典型特征	耦合性比对	耦合度计算
1	需要定量评估	可进行定量评估	匹配	根据公式，经计算 $\xi=1$
2	需要多要素排序	可进行多要素排序	匹配	
3	现有方法存在问题	可解决现有问题	匹配	
4	无行业事故概率统计数据	可计算基本单元的模糊权值作为概率	匹配	
5	是多指标多属性问题	可解决多指标多属性问题	匹配	
6	复杂系统	可解决复杂系统风险评估问题	匹配	
7	评估指标或要素之间相互关联	ANP 可反映各层次各要素相互关联关系	匹配	
8	是层次结构	可解决层次结构问题	匹配	
9	需要求出最优解或精确解或相对值	可求出相对值	匹配	

从表 4-1 可以看出，所选的码头油品装卸风险的九个典型特征均与 ANP 的贝叶斯网络评估方法的典型特征对应，尽管所选指标具有一定的主观性，但在一定程度上避免了选择方法的随意性。另外，从计算结果看，$\xi=1$，按照图 4-2 耦合度隶属度函数，所选评估方法属于全耦合。

4 结语

针对港口风险评估对象的特点，选用风险评估方法关系到风险评估工作的成败。本文在分析港口评估特性的基础上，提出了评估对象与评估方法之间典型特征比对关系，用以分析评估对象和评估方法的耦合性。另外，本文还定义了评估对象与评估方法的耦合度计算公式，提出了耦合度隶属度概念，及不耦合、弱耦合、耦合、全耦合四种耦合度隶属度函数。本文的研究可为港口风险评估时，根据评估具体项目特点及评估目的，选用合适的评估方法提供理论依据。

在实例研究中，针对评估对象和所选用的评估方法进行耦合性进行分析，并计算耦合度。通过耦合度与隶属度函数对比属于全耦合，说明评估对象与评估方法两者的吻合程度高，两者的耦合性很好。

在今后的研究中，需要收集更多的港口风险评估案例，对耦合性判断指标进一步修改完善，以使评估典型特征的选取更科学，更具操作性。

参考文献

[1] 徐明强，谈毅，仝允桓．基于属性的技术评价方法匹配研究 [J]. 中国管理科学，2005，13（1）.

[2] 刘智慧，刘珉，陈文汇，等．常用评价方法比较及林业绿色经济评价方法选择 [J]. 林业经济，2016（2）.

[3] Sharman Lichtenstein.Factors in the selection of a risk assessment method.Computer Security，1996（4）.

[4] 王显政．安全评价（上册）[M]. 3 版．北京：煤炭工业出版社，2005 年．

[5] 刘双跃．安全评价 [M]. 北京：冶金工业出版社，2010.

[6] 中华人民共和国行业标准．危险货物港口建设项目安全验收评价规范：JTS/T108-2—2019. 北京：人民交通出版社股份有限公司，2019.

[7] 三浦武雄，浜冈尊．现代系统工程学概论 [M]. 中国社会科学出版社，1983.

[8] 秦庭荣．海运综合安全评估集成性方法（MIAM-FSA）构建及其应用研究 [D]. 上海：上海海事大学，2008.

5 石化港口企业安全投入结构优化研究与实践

摘要:石化港口企业安全投入是企业安全隐患排查和治理的必要保障;安全投入结构是否合理关系到企业整体安全风险的大小。基于风险的基本定义,将 Cobb-Douglas 生产函数模型与事故树(FTA)概率模型有机结合起来,以 Gompertz 曲线模型等作为约束条件,构建了以风险最小为目的的安全投入结构优化模型,用来对石化港口企业的安全投入结构求解。在案例研究中,针对某石化港口企业安全投入结构计算结果显示:企业管理方面的安全投入较往年增幅较大;人的不安全行为是事故发生概率最高的因素。这与历次事故调查结果及企业现实具有很好的符合性,表明该模型是有效的,计算结果可以科学地指导石化港口企业的安全投入资金分配。

关键词:水路交通;安全投入;优化模型;石化港口企业;风险

0 引言

近年来,天津港东疆港区、大连港新港、漳州港古雷港区等石化港区发生的火灾爆炸事故引起了政府和社会的高度重视和关注。事故调查表明:安全投入结构不合理是导致事故发生的主要原因之一。安全投入是企业安全隐患排查和治理的必要保障。石化港口企业在有限的资金条件下,如何合理分配资金投入是水路交通行业研究的难点之一。

针对生产企业安全投入结构优化研究,国内外文献较多,而且主要集中在煤矿、建筑、钢铁等行业领域,水路交通行业目前还未见到。如 Nie 应用模糊评价方法建立了煤矿安全投入和安全生产状况的分析模型,研究结论认为安全投资与安全生产状况之间存在线形相关关系,建立的模型能提高现有综合模糊评价的精度;Son 运用成本效益分析法,对建筑业最佳安全投入结构进行了研究;Lei 应用系统动力学方法,验证了煤矿安全投资与事故成本之间的关系。任海芝建立了安全投入最小化为目标的优化模型,认为在给定安全投入的情况下可以达到各安全投入分项之间的最优化分配。郑重利用非线性优化理论建立了企业安全成本优化控制模型，对某钢铁企业安全成本进行了分析，结果表明安全成本和事故损失较平均水平均有下降。王幼松针对施工高处坠落事故建立了安全投入优化模型，在给定的安全总投入情况下实现了各具体安全投入项之间的最优化分配。现有的国内外安全投入结构优化相关论文应用的研究方法主要为模糊评价法、安全成本最小优化模型或安全效益最佳模型。模糊评价法主要依靠专家调查，主观性较强，且受专家知识、经验、思维判断能力等限制；安全成本最小优化模型或安全效益最佳模型均考虑的是安全投入和安全事故损失之和最小，认为此时企业的安全效益为最佳，从而求解出各分项安全投入的额度。笔者认为企业安全投入最根本的目的是有效降低安全风险，安全成本最小或安全效益最佳不一定能最有效减低企业的安全风险。石化港口企业即使每年安全投入总额符合国家相关文件的规定，但各分项投入比例失衡，很有可能因某个方面投入不到位，使得风险增大，处于不可接受范围内。因此科学地分配安全投入资金，对于降低石化港口企业的整体风险非常必要。

考虑到风险是事故的概率与事故后果（损失）的乘积，而 Cobb-Douglas 生产函数可以表达事故损失与分项安全投入的函数关系；事故树（FTA）顶事件的求解方法可以表达事故概率与基本事件概率的函数关系；Gompertz 曲线可以建立分项安全投入与分项事故概率的函数关系。基于此，本文提出以风险最小为目的的安全投入结构优化模型，用来对石化港口企业的安全投入结构及分项事故概率求解。最后通过实例验证了本文所提出优化模型的有效性。

1　构建石化港口企业安全投入结构优化模型

1.1　事故损失 - 安全投入模型

事故损失与安全投入之间存在一定的函数关系，石化港口企业事故经济损失与安全分项投入之间的内在规律可用 Cobb-Douglas 生产函数的投入产出关系表示，即：

$$y = F(x_1,x_2,\cdots,x_i,\cdots,x_n)=\alpha x_1^{\beta_1} x_2^{\beta_2} \cdots x_i^{\beta_i} \cdots x_n^{\beta_n} \tag{5-1}$$

式中：y——事故损失；

x_i——企业对 i 个分项的安全投入；

β_i——各分项安全投入对应的产出弹性系数。

结合现实情况及式（5-1）分析：

（1）石化港口企业只要发生事故，则必定有损失，即 $y>0$。

（2）增加某分项的安全投入，一般而言事故损失将降低，即：

$$\frac{\partial F}{\partial x_i} = \alpha x_1^{\beta_1} x_2^{\beta_2} \cdots \beta_i x_i^{\beta_i - 1} \cdots x_n^{\beta_n} = \beta_i \frac{y}{x_i} < 0 \text{，故 } \beta_i < 0$$

（3）安全投入只能降低事故发生的概率，合理的安全投入可以将事故的概率降低到可接受范围内，但企业不可能彻底消除风险，即：$\lim\limits_{k_i \to 0} x_i = +\infty$，$k_i$ 为事故发生的概率。

1.2 安全投入与事故概率模型

由上述分析可知，当事故的概率接近于0时，此时的安全投入趋于无穷大，安全投入与事故的概率总体呈负相关关系，同时随着安全投入的逐渐增加，事故的概率下降速率逐渐减缓。上述描述正好符合生产函数曲线——Gompertz 曲线的特征。在 Gompertz 曲线模型中，若 k_i' 为各类事故发生的概率；x_i' 为企业对 i 个分项的安全投入，则有：

$$k_i' = c_i a_i^{b_i^{x_i'}} \tag{5-2}$$

其中，$i = 1, 2, \cdots, n$；c_i, a_i, b_i 为参数，且有 $0 < a_i < 1$，$b_i > 1$。

由式（5-2）变形得：$x_i' = \dfrac{1}{\ln b_i} \ln \dfrac{\ln \dfrac{k_i'}{c_i}}{\ln a_i}$

假定企业安全投入总额为 Q，则：

$$\sum_{i=1}^{n} x_i' = \sum_{i=1}^{n} \frac{1}{\ln b_i} \ln \frac{\ln \dfrac{k_i'}{c_i}}{\ln a_i} = Q \tag{5-3}$$

c_i、a_i、b_i 参数可以结合既有的数据资料确定。

1.3 事故概率模型

应用事故树（FTA）分析法，可以对石化港口企业的任一事故进行逻辑推理，从而分析出事故的直接原因和基本事件，揭示出事故的潜在原因。按照 FTA 分析法，事故的概率为：

$$p(x_1, x_2, \cdots, x_i) = \prod_{j=1}^{P} [1 - \prod_{X_i \in p_j} (1 - k_i)] \tag{5-4}$$

式中：k_i——事故树各基本事件 x_i 的概率；

P——事故树径集数量；

p_j——各径集基本事件集合。

1.4 风险模型

在我国职业安全健康管理体系中，风险定义为“某一特定危险情况发生的可能性和后果的组合”。石化港口企业的安全事故风险是事故的概率与事故后果的乘积。本文以事故损失作为事故后果，结合式(5-1)和式(5-4)可得：

$$R = p \cdot y = \prod_{j=1}^{P}[1 - \prod_{X_i \in p_j}(1-k_i)] \cdot \alpha x_1^{\beta_1} x_2^{\beta_2} \cdots x_i^{\beta_i} \cdots x_n^{\beta_n} \tag{5-5}$$

式中：R——事故风险；

p——事故的概率；

y——事故损失。

1.5 安全投入结构优化模型

建立风险最小的目标函数，结合约束条件式(5-3)建立安全投入结构优化模型：

$$st.\begin{cases} \min R = \min\left\{\prod_{j=1}^{P}[1 - \prod_{X_i \in p_j}(1-k_i)] \cdot \alpha x_1^{\beta_1} x_2^{\beta_2} \cdots x_i^{\beta_i} \cdots x_n^{\beta_n}\right\} \\ \sum_{i=1}^{n} x_i' = \sum_{i=1}^{n} \frac{1}{\ln b_i} \ln \frac{\ln \frac{k_i'}{c_i}}{\ln a_i} = Q \\ 0 < k_i < 1; 0 < k_i' < 1 \qquad i = 1, 2, \cdots n \\ \beta_i < 0 \qquad i = 1, 2, \cdots n \end{cases} \tag{5-6}$$

模型(5-6)为有约束的非线性规划模型，可结合港口石化企业实际情况增加约束条件。对模型(5-6)中的变量分析如下：

(1) k_i 为FTA基本事件对应的概率，若 x_i、x_i' 均表示基本事件对应的安全投入，则 $x_i = x_i'$、$k_i = k_i'$，此时模型(5-6)可与式(5-2)连立求解可得 x_i、k_i，最终根据需求对 x_i 归类累加得到分项投入额度。此种情况，可利用遗传算法(GA)、模拟退火算法(SA)等智能优化算法求解。

(2) 若在FTA中的各基本事件概率 x_i 值已知或式(5-4)中 $p(x_1, x_2, \cdots, x_i)$ 值已知，则 $\prod_{j=1}^{P}[1 - \prod_{X_i \in p_j}(1-k_i)]$ 为常量，模型可简化，同时 x_i 可不与 k_i 对应，x_i、x_i' 均表示分项安全投入，k_i 为对应的分项概率，则 $x_i = x_i'$、$k_i \neq k_i'$。此种情况，可利用遗传算法(GA)、模拟退火算法(SA)等智能优化算法求解，也可以利用Matlab的fmincon函数对其求解。

2 实证分析

北部湾某石化港口企业装卸、储运的为甲类危险货物，其最典型的事故为“火灾爆炸”。该企业决定围绕火灾爆炸事故进行安全隐患治理，根据国家相关规定，按照营业收入比例该企业 2016 年安全总投入额不低于 303.318 万元。

2.1 安全投入分类

影响石化码头发生火灾爆炸的因素较多，根据对石化码头“火灾爆炸”作为顶事件的事故树（FTA）分析，将事故树的基本事件归为四类。x_1 代表对人员的安全投入；x_2 代表对设备设施的安全投入；x_3 代表对管理的安全投入；x_4 代表对改善环境的安全投入。

2.2 函数拟合与模型参数确定

该石化港口企业历年用于隐患治理的安全投入分配和安全事故损失统计资料如表 5-1 所示。

该企业各年份安全投入与事故经济损失数据表（单位：万元） 表 5-1

序　号	年份（年）	x_1	x_2	x_3	x_4	Y
1	2009	69.358	151.324	41.691	0.931	8.498
2	2010	68.731	157.690	40.320	0.939	8.517
3	2011	70.491	152.161	40.101	0.823	8.611
4	2012	72.631	167.976	42.110	0.901	8.462
5	2013	68.125	150.437	41.098	0.741	8.709
6	2014	85.195	172.327	51.562	0.902	8.155
7	2015	64.178	156.142	37.163	0.792	8.781

对式（5-1）两边取自然对数后，将多元非线性方程转换为多元线性方程，即：

$$\ln y = \ln \alpha + \beta_1 \ln x_1 + \beta_2 \ln x_2 + \cdots + \beta_i \ln x_i + \cdots + \beta_n \ln x_n$$

针对表 5-1 的数据进行多元线性回归，转换为多元非线性方程后得安全事故损失-安全投入模型：

$$y = F(x_1, x_2, x_3, x_4) = 20.4644 x_1^{-0.1027} x_2^{-0.0191} x_3^{-0.0949} x_4^{-0.0924} \tag{5-7}$$

2.3 Gompertz 曲线拟合

利用德菲尔法，结合企业安全事故资料，对 Gompertz 曲线函数式（5-2）进行拟合，求解

c_i、a_i、b_i的值，如表 5-2 所示。

Gompertz 曲线系数表 表 5-2

事件代号	c_i	a_i	b_i
x_1	0.070	0.950	1.070
x_2	0.003	0.398	1.009
x_3	0.080	0.110	1.011
x_4	0.040	0.150	5.010

2.4 模型求解

2015 年天津港发生“8•12”特重大火灾爆炸事故，根据上级部门要求，2016 年该石化港口企业计划维护保养现有的安全设施，同时新增一批安全设施，按照预算计划投资不少于 170.850 万元，同时改善环境的安全投入不少于表 5-1 中历年最大值，上述作为约束条件建立安全投入结构优化模型如下：

$$
st.\begin{cases}
\min R = \min\left\{\prod_{j=1}^{P}[1-\prod_{X_i\in p_j}(1-k_i)]\cdot 20.4644x_1^{-0.1027}x_2^{-0.0191}x_3^{-0.0949}x_4^{-0.0924}\right\} \\
\sum_{i=1}^{4}x_i=\sum_{i=1}^{4}\frac{1}{\ln b_i}\ln\frac{\ln\frac{k_i'}{c_i}}{\ln a_i}=303.318 \\
170.850\leqslant x_2<303.318 \\
0\leqslant x_4\leqslant 0.939
\end{cases}
$$

本文应用 Matlab 命令函数 fmincon 求解，得到 2016 年该石化港口企业最优安全投入，与 2015 年对比见表 5-3。

最优安全投入与原投入对比（单位：万元） 表 5-3

序号	安全投入各分项	计算最优值	2015 年投入	差额	差额率（%）
1	人员安全投入	65.774	64.178	1.596	2.49
2	设备设施安全投入	170.85	156.142	14.708	9.42
3	管理安全投入	65.755	37.163	28.592	76.94
4	改善环境安全投入	0.939	0.792	0.147	18.56

经计算，表 5-3 中各分项投入比例为：$x_1:x_2:x_3:x_4$ =0.2168 : 0.5633 : 0.2168 : 0.0031；事故发生的概率大小为：$k_4<k_2<k_3<k_1$。

2.5 结果分析

表 5-3 中的差额率均为正值，说明 2016 年各分项安全投入均有增长，也是由于 2016 年

该企业安全投入总额较 2015 年增长了 17.44%，因此认为：人员安全投入 x_1、设备设施安全投入 x_2、改善环境安全投入 x_4 变化均属小幅变化。表 5-3 中变化最大的为管理安全投入 x_3，2016 年较 2015 年增幅达 76.94%，由此可见该石化港口企业 2016 年应加大管理方面的安全投入。管理安全投入包括安全生产法制管理、行政管理、监督检查、工艺技术管理、设备设施管理等方面。分析历次石化港区火灾爆炸事故，"安全管理不到位"是事故发生的主要原因，因此为保证该企业安全平稳生产运营，增加管理方面的安全投入对于降低事故风险是非常必要的。管理方面的安全投入各分项分配也可按本文方法进一步计算求解。

从事故发生的概率来看，人员因素是最主要的，其次是管理因素，然后是设备设施因素，最后是环境因素，表明事故发生概率大，不一定风险大。人员的因素主要体现在人的不安全行为，如操作失误、指挥错误、违章作业等，潜在原因是企业在人员的安全培训、安全教育以及安全文化等方面存在问题。笔者走访了全国 50 多个石化港口企业进行调查，绝大多数事故是由于人的不安全行为引发的。设备设施因素主要体现在物的不安全状态，如设计不合理、设备设施有缺陷、带故障运行等，目前关于各类码头安全设施配备、特种设备检验检测及设备设施防雷防静电检测等均有相关规定。企业只要遵守规定，及时检测、维护和保养设备设施，发生事故的概率较低。环境因素主要体现在照度不足、作业场所狭小、密闭空间粉尘浓度较高等，上述问题在石化港口企业很少存在，由此发生的概率低。

3 结语

本文从石化港口企业安全投入最根本的目的——降低事故风险出发，通过事故风险的基本概念，将安全事故损失—安全投入模型（Cobb-Douglas 生产函数模型）、事故树（FTA）概率模型和安全投入与事故概率模型（Gompertz 曲线模型）有机联系起来，构建了以风险最小为目的的安全投入结构优化模型。在实例分析中，对 2016 年某企业"火灾爆炸"隐患治理的安全投入结构进行计算表明：企业管理方面的安全投入较往年增幅较大；人的不安全行为是事故发生概率最高的因素，因此企业应通过增加管理方面的安全投入，加强人员的培训和教育，以有效降低火灾爆炸事故发生的风险和概率，提升安全投入的利用效果。但是，石化港口企业安全生产是动态的过程，即使确定了各分项安全投入额度，同等额度的投入，效果也会相差很大，因此如何用好安全投入金额也是今后需要研究的方向。另外，统计资料的时间跨度、各类型事故数据库的建立等对安全事故损失—安全投入模型的拟合、Gompertz 曲线参数取值均会影响，因此，今后应进一步积累数据以使模型更有效。

参考文献

[1] Bai Shengnie, Pengfei Zhao, Jian-Hua Guo, et.al.Fuzzy comprehensive evaluation of coal mine safety investment structure based on the M(1, 2, 3)model[J].Energy Procedia, 2012(16).

[2] K S Son, R E Melchers, W M Kal. An analysis of safety control effectiveness[J]. Reliability Engineering and System Safety, 2000.

[3] Tong Lei, Dou Yuanyuan.Simulation study of coal mine safety investment based on system dynamics[J]. International Journal of Mining Science and Technology, 2014(24).

[4] 任海芝,陈玉琴,程恋军 . 煤炭企业安全投入规模与投入结构优化研究 [J]. 中国安全科学学报, 2014, 24(8).

[5] 郑重,王玉杰,胡玉涛,等 . 企业系统安全成本非线性优化控制模型 [J]. 武汉理工大学学报, 2009, 32(11).

[6] 王幼松,张煜帆,魏子晗 . 基于 FTA 法的预防施工高处坠落事故安全投入优化分配 [J]. 工程管理学报, 2014, 28(1).

[7] 罗云,樊运晓,马晓春 . 风险分析与安全评价 [M]. 北京:化学工业出版社, 2006.

[8] Amin Nikkhah, Bagher Emadi, Hamzeh Soltanali.Integration of life cycle assessment and Cobb-Douglas modeling for the environmental assessment of kiwifruit in Iran[J].Journal of Cleaner Production, 2016, 137(20).

[9] Gabriel Eduard Vîlcu.A geometric perspective on the generalized Cobb–Douglas production functions[J]. Applied Mathematics Letters, 2011, 24(5).

[10] Ji Hwan Cha, Maxim Finkelstein.Justifying the Gompertz curve of mortality via the generalized Polya process of shocks[J].Theoretical Population Biology, 2016, 109.

[11] O Burger, TI Missov.Evolutionary theory of ageing and the problem of correlated Gompertz parameters[J].Journal of Theoretical Biology, 2016, 408(7).

[12] 刘茂 . 事故风险分析理论与方法 [M]. 北京:北京大学出版社, 2011.

[13] 罗云,樊运晓,马晓春 . 风险分析与安全评价 [M]. 北京:化学工业出版社, 2004.

[14] 张景林,崔国璋 . 安全系统工程 [M]. 北京:煤炭工业出版社, 2001.

[15] 彭红军,李新春,李媛 . 安全投入非线性优化 [J]. 煤炭工程, 2016(12).

[16] Zhiqiang Hou, Peng Zhao.Based on Fuzzy Bayesian Network of Oil Wharf Handling Risk Assessment[J]. Mathematical Problems in Engineering, 2016(2016).

[17] 田依林,杨青 . 基于 AHP-DELPHI 法的城市灾害应急能力评价指标体系模型设计 [J]. 武汉理工大学学报(交通科学与工程版), 2008, 32(1).

[18] Z. Zangenehmadar, O. Moselhi.Prioritizing deterioration factors of water pipelines using Delphi method[J].Measurement, 2016(90).

6 基于多米诺效应的港口油品罐区风险评估研究与实践

摘要：为了科学地评估多米诺效应对港口油品罐区风险的影响，提出了一整套考虑多米诺效应的港口罐区个人风险计算方法。在对港口油品罐区多米诺效应进行分析的基础上，提出港口储罐之间的事故多米诺效应发生、发展机理以及多米诺效应风险评估步骤；在采用扩展概率模型的基础上，提出多米诺效应事故储罐辨识和蒙特卡罗计算储罐综合概率的方法；在对风险评估 ALARP 模型及可接受风险值分析的基础上，基于 Surfer 软件提出个人风险叠加计算方法，实现多米诺效应不同综合概率的个人风险等值线图可视化。实例研究表明多米诺效应对储罐事故概率和个人风险值影响显著，考虑多米诺效应不同次数事故的个人风险等值线图可以更直观地指导港口油品罐区选址、规划、布置和管理。

关键词：港口、油品、罐区；风险；多米诺效应

0 引言

近年来，随着经济的发展和港口大规模建设，港口危险货物吞吐量逐年增长，港口危险货物安全事故屡有发生，如福建漳州古雷港口"4·6"火灾爆炸事故；辽宁大连新港"7·16"火灾爆炸重大事故等。上述事故均引起了政府和社会的高度关注和重视。据统计，港口装卸、储存的危险货物中，液体散货以油品比重最大。根据国家标准《危险货物分类和品名编号》(GB 6944—2012)规定，危险货物分为 9 类，大部分油品属于第 3 类危险货物，在港口均有储存和装卸。大量闪点低、易燃易爆的油品港口储存作业为港口安全生产管理和监管工作带来了较大的挑战。

港口油品罐区是油品储存场所，储存的相当一部分油品危险性较大，属于危险化学品重大危险源。作为危险化学品重大危险源，其货种的理化属性及存储的量决定了其固有风险的大小。国内外关于重大危险源的研究论文大多数集中于伤害或破坏范围评估与危险指数

评估等方法的集成与应用。Diego Lisbona 等应用定量风险评估工具评估了重大危险源的社会风险。作者运用事故后果模型，模拟了事故场景，通过计算事故场景 FN 曲线与 PLL 曲线风险对比，得出重大危险源周边的风险水平。Albrecht Michael Birk 根据图像和实例分析了沸腾液体膨胀爆炸和蒸气云爆炸的冲击波超压，估计了爆炸能量、超压距离和预期破坏，并用试验方法结合多伦多丙烷爆炸事故验证了方法的有效性。Jianfeng Zhou 研究了易燃气体重大危险源实时风险评估方法。作者针对易燃气体重大危险源，提出了一种基于集对分析（SPA）的模糊风险评估方法（SPA-fuzzy），可以对易燃气体事故发生的可能性、后果、风险价值或风险程度进行评估。研究认为该方法可揭示事故发生过程中的风险变化情况，与常规的模糊评估法有同等效用。Mohanad El-Harbawi 等评估了液化石油气重大危险源的主要风险。作者介绍了几种重大危险源事故物理模型的最新分析技术，用于计算液化石油气爆炸和火灾事故的影响。研究认为事故产生的影响是严重的，并预测了事故对现场和社区人员造成的直接影响以及对环境造成的不利影响。ZQ Hou 评估了港口工程重大危险源风险。作者结合港口工程的实际情况，从“风险”基本概念出发，设置了港口工程重大危险源事故后果衡量指标和事故可能性测评指标及度量标准，从而实现了对重大危险源的定量评价和分级。夏登友等介绍了高斯烟羽模式的假定条件、浓度分布模式、扩散参数等，以液氨储罐泄漏事故为例，在设定基本模拟参数基础上，评估了液氨泄漏扩散危害、爆炸危害，认为高斯烟羽模式的模拟结果对于应急、疏散及救援等具有较好指导性。吴宗之在调研英国、欧共体、国际劳工组织重大危险源管理的基础上，阐述了重大危险源辨识、评价、管理、监察、评价报告、应急计划、工厂选址与土地使用规划等内容，分析了国外重大危险源控制技术研究进展，讨论了我国重大危险源控制系统的构建工作。王丽敏等以某化工厂为背景，从工艺过程、危险物质、安全设施设计等方面，对聚合过程火灾、爆炸危险性进行了分析，定量评价了工艺装置及所含物料潜在危险性，得出主装置区、储罐区固有危险等级及不同状态下的安全补偿系数。闫宏伟在对重大危险源储罐泄漏成因及影响因素分析的基础上，研究了液体散货的泄漏模式、模型、主要影响因素、产生机理及动力学模型，研发了实验平台，对多种封堵技术进行了实验并利用有限元方法进行了分析验证，提出了封堵方法库的构架方法及处置程序，为重大危险源应急处置提供了依据。包其富等研究了油品储罐区风险评价技术。作者在分析影响储罐安全五大因素的基础上，运用层次分析和模糊综合评价方法建立了单个油品储罐的安全评价指标体系，结合区域定量风险评价方法，实现了对油品储罐区的整体风险评价，认为该方法可以分别评价储罐区单个储罐和整体罐区的风险状况。于广涛研究了化工园区重大危险源安全评估技术。作者分析了化工园区内安全风险容量的影响因素，构建了评估指标体系。认为化工园区风险总量是由多类事故综合导致的事故后果及事故概率的组合，同时阐述了事故后果与概率的计算方法，并以某化工园区为实例进行了评估验证。

上述文献大多数集中在对工业园区或化工厂重大危险源的评估。与一般工业园区油品罐区相比，交通港口行政主管部门监管的港口油品罐区具有其独特性，如距离城市近、与码头相连紧等。目前，交通港口行业开展的油品港口安全评价主要是以工程图纸或实际测量的距离与现行标准和规范中规定的安全距离进行对比，灵活性及科学性较差。如：现行标准、规范中规定：外浮顶储罐、采用钢制浮顶的内浮顶储罐、储存丙类液体的固定顶储罐与其他罐组储罐之间的防火距离，不应小于相邻储罐中较大罐直径的 0.8 倍；甲、乙类油品码头前沿线与陆上储油罐的防火间距不应小于 50m；大中型危险化学品仓库应与周围公共建筑物距离至少保持 1km。但大连港新港“7·16”火灾爆炸重大事故、天津港滨海新区“8·12”特别重大火灾爆炸等事故调查表明，上述安全距离并不能够保证真正的安全。且各标准和规范中规定的部分安全距离有相互不一致、矛盾和冲突的现象。现有文献研究方法主要存在的问题有：事故后果考虑安全距离较多，风险可接受程度少，评估方法较单一且局限性明显；危险化学品重大危险源评估考虑单一事故多，考虑多个储罐之间的事故多米诺效应少。

基于上述分析，港口油品罐区风险评估中仅考虑现有标准和规范中规定的安全距离，局限较为明显，而引入个人风险概念，计算罐区周围个人风险值或风险等值线，并与可接受风险标准对比很少，从而得出评估结论，其科学性及灵活性有待提升。从港口事故发生、发展和后果来看，由于港口油品罐区储罐布置较为密集，储罐间及罐组间的事故相互影响客观存在，因此考虑多米诺效应对于事故发生概率及个人风险的影响非常必要。

1 港口多米诺效应分析与计算

1.1 多米诺效应发生和发展机理模式分析

多米诺骨牌起源于中国，19 世纪中期被意大利传教士多米诺带到欧洲，后逐渐被人们熟知和研究。1982 年欧盟发布了《赛维索法案》，提出对化工企业应进行“多米诺事故”的评估。1996 年及 2012 年，欧盟又分别通过了《塞维索二号指令》（Seveso Ⅱ）和《赛维索三号指令》（Seveso Ⅲ），特别提出评估多米诺效应对初始事故的影响。

2003 年，欧盟在《赛维索法案》的基础上提出了多米诺效应的定义，即：因为某种直接原因或间接原因，导致工厂相邻的危险物质发生泄漏，从而导致事故的发生。

近年来，各国学者对储罐区的多米诺效应有不少研究，但定性分析多，定量计算少；定量求解精度低；研究成果对工程指导性不强。本文现结合我国两起典型港口危险货物事故实例进行分析。

事故 1：2015 年 8 月 12 日 22 时 51 分 46 秒，天津港瑞海公司危险品仓库起火，接着 23

时34分06秒发生第一次爆炸,近震震级ML约2.3级,相当于3吨TNT。发生爆炸的是集装箱内的易燃易爆物品。现场火光冲天,在强烈爆炸声后,高数十米的灰白色蘑菇云瞬间腾起。随后爆炸点上空被火光染红,现场附近火焰四溅。紧接着,23时34分37秒发生第二次更剧烈的爆炸,近震震级ML约2.9级,相当于21吨TNT。本次事故造成165人遇难;8人失踪;798人受伤住院治疗。临近区域内分别有304幢建筑物、12428辆商品汽车、7533个集装箱受损。

事故2:2010年7月16日18时8分许,大连新港中石油港区内靠近脱硫剂注入部位的原油输油管道突然发生爆炸,引发火灾,造成部分输油管道、附近储罐阀门、输油泵房和电力系统损坏,有大量原油泄漏。事故导致储罐阀门无法及时关闭,火灾不断扩大,原油顺地下管沟流淌,形成地面流淌火。事故造成邻近103号原油储罐、周边泵房及港区主要输油管道严重损坏,部分原油流入附近海域。

港口内危险货物储存设施一般距离都较近,通过上述事故发现:一次初始火灾和爆炸事故往往会导致二次、三次等事故的发生。结合近年来发生的港口事故,本文提出港口储罐之间的事故多米诺效应发生和发展机理模式,如图6-1所示。

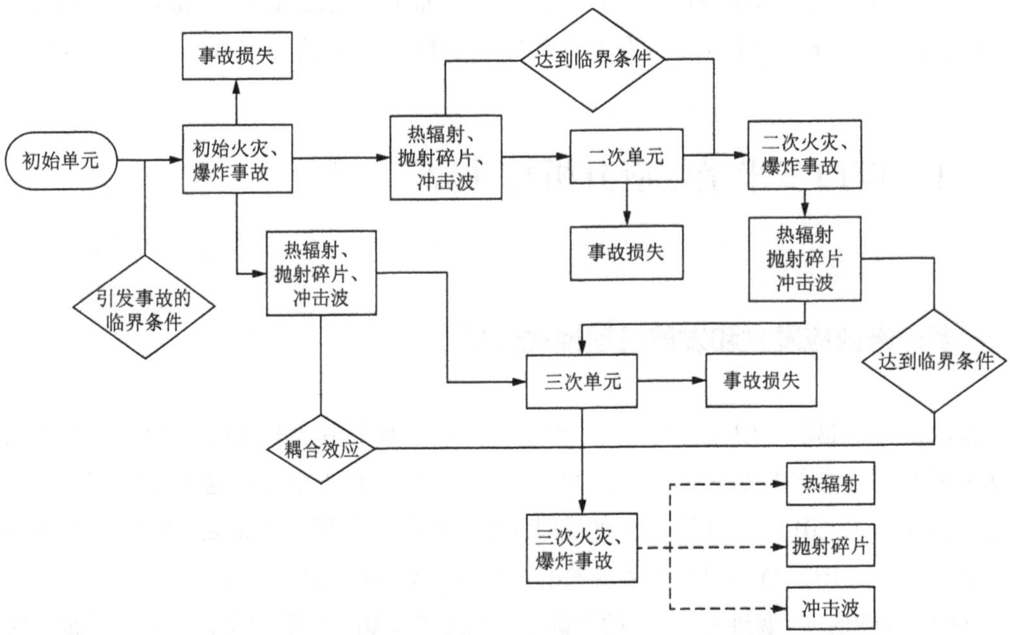

图6-1　港口储罐之间的事故多米诺效应发生和发展机理

从图6-1可以分析得到:

(1)港口油品罐区火灾和爆炸事故通过热辐射、抛射碎片和冲击波等三种方式作用于周围的储存设施。

(2)火灾和爆炸事故作用于临近的二次、三次等单元不一定会发生下一次火灾和爆炸事故，但是一般会造成二次、三次等单元破坏事故。如事故2中，中石油火灾和爆炸事故导致邻近另一企业的103号储罐外观变形，部分外层烧毁，但是没有形成导致103号储罐发生火灾和爆炸的临界条件，只是造成了事故损失。

（3）初始火灾、爆炸事故和二次火灾、爆炸事故可能耦合，共同作用于临近的单元。同一个初始事故与其二次事故、三次事故会构成树状结构，形成多米诺事故链。若将区域内多个事故及其耦合效应同时考虑，则进而形成区域多米诺事故拓扑关系。

2 港口油品罐区多米诺效应定量计算

2.1 港口油品罐区多米诺效应风险评估步骤

港口罐区主要事故类型一般为泄漏、火灾、爆炸、坍塌等事故。泄漏、坍塌事故一般不会直接引发多米诺效应，如储罐由于地基原因导致的坍塌一般会引发泄漏，继而导致火灾或爆炸事故发生。因此能引发多米诺效应的事故原因都是火灾或爆炸事故，但是多米诺效应的结果可能是泄漏、火灾或爆炸。火灾一般分为池火、喷射火、闪火、火球。汽油、原油等油品罐区不会发生喷射火，而闪火、火球燃烧持续时间都比较短，一般认为也不会发生多米诺效应事故。对于油品罐区，防火堤内池火灾是其主要火灾类型之一。通常认为火灾发生时，引发多米诺效应的危险因素主要是热辐射，本文重点考虑池火灾热辐射效应，而冲击波超压、抛射碎片与热辐射效应研究方法类似。港口油品罐区多米诺效应风险评估步骤见图6-2。

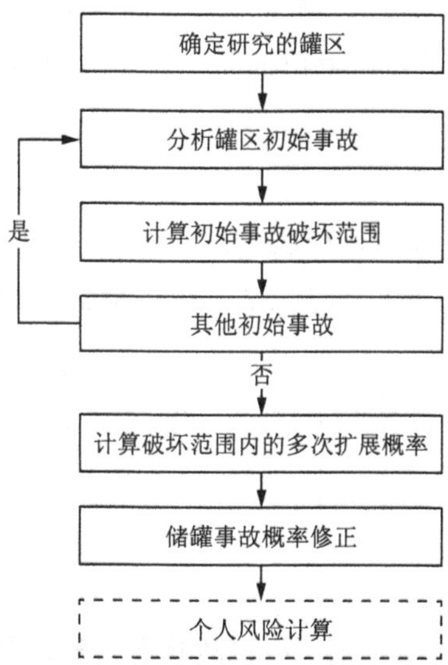

图6-2 港口油品罐区多米诺效应风险评估步骤

2.2 多米诺效应事故扩展概率

根据高斯概率分布函数，二次单元的扩展概率计算公式如下：

$$f_{ij}=\frac{1}{\sqrt{2\pi}}\int_{-\infty}^{Y_i-5}\exp\left(-\frac{x^2}{2}\right)\mathrm{d}x \tag{6-1}$$

式中：Y_i——第 i 个罐的概率变量；

x——积分变量；

f_{ij}——第 i 个储罐第 j 次事故扩展概率。

Cozzani 等人提出的火灾热辐射损坏概率模型被广泛采用。由于港口内汽油、原油等油品储罐一般为常压圆柱地上立式储罐，热辐射多米诺效应扩展概率简化模型为：

$$Y_i=12.54-1.847\ln t_i \tag{6-2}$$

$$\ln t_i=-1.128\ln I_i-2.66710^{-5}V_i+9.887 \tag{6-3}$$

式中：Y_i——设备失效概率单位；

t_i——失效时间，s；

I_i——第 i 个储罐所受到的热辐射强度（即热辐射通量），kW/m^2；

V_i——第 i 个储罐的容量，m^3。

2.3 初始事故后果范围计算

根据油品罐区事故后果模型，可以对初始事故后果范围进行计算，计算值与破坏临界值进行对比，进而确定初始事故破坏的具体储罐。虽然油品泄漏、扩散会导致火灾爆炸，但单纯的泄漏不会引发二次扩展事故。对港口油品罐区储罐初始事故引发多米诺二次事故影响可按如下流程计算。

1）罐区各储罐间距矩阵确定

假设港口油品罐区有 N 个储罐，分别编号为 1 ～ N，体积分别为 V_i（i=1，2，3，…，N），任意储罐 i 与储罐 j 之间的距离为 l_{ij}（$i,j\leqslant N$），则各储罐间距矩阵为：

$$L=\begin{bmatrix}L_1\\L_2\\\vdots\\L_N\end{bmatrix}=\begin{bmatrix}0&l_{12}&\cdots&l_{1N}\\l_{21}&0&\cdots&l_{2N}\\\vdots&\vdots&\vdots&\vdots\\l_{N1}&l_{N2}&\cdots&0\end{bmatrix} \tag{6-4}$$

2）热辐射损害矩阵计算

根据热辐射通量模型，可计算储罐 i 在事故状态对周围任意其他储罐 j 的热辐射强度，得到热辐射相互损害矩阵 I：

$$I=\begin{bmatrix} I_1 \\ I_2 \\ \vdots \\ I_N \end{bmatrix}=\begin{bmatrix} - & i_{12} & \cdots & i_{1N} \\ i_{21} & - & \cdots & i_{2N} \\ \vdots & \vdots & \vdots & \vdots \\ i_{N1} & i_{N2} & \cdots & - \end{bmatrix} \tag{6-5}$$

3）引发多米诺效应储罐辨识

港口油品罐区热辐射导致的多米诺效应临界值见表 6-1。

港口油品罐区热辐射多米诺效应临界值 表 6-1

初始事故及扩展向量	临　界　值	作用目标
热辐射	热辐射强度为 15kW/m^2，且作用时间超过 10min	临近的油品储罐

式（6-5）计算结果与表 6-1 中热辐射多米诺效应临界值进行对比，则可确定事故储罐可引发的其他储罐事故。

2.4 多米诺效应场景概率计算

事故概率模型中初始事故若为 X，Y_i 是由事故 X 引发的事故，用下式表示：

$X \rightarrow Y_i$（i=1，2，$\cdots m$），m 代表与 X 相邻的设施个数。

由 X 引发相邻设施发生二次单元事故的组合数为 n，则 $n=2^m-1$。通过概率计算可得所有可能组合中概率最大的组合，即为可能发生事故的组合。初始事故引发多米诺效应场景的概率为：

$$P^{(k,n)}=\prod_{i=1}^{m}[1-p_i+\delta(i,j_k^n)(2p_i-1)]$$

$$f^{(k,n)}=f_c P^{(k,n)} \tag{6-6}$$

式中：$P^{(k,n)}$——含 k 个储罐同时发生事故的 n 种多米诺场景的概率；

p_i——目标储罐 i 发生事故的概率，即储罐的损坏概率；

f_c——储罐初始事故概率；

j_k^n——第 k 个多米诺事故场景的组合。

当第 i 个储罐在 k 个组合中时，$\delta(i,j_k^n)$ 为 1，否则取 0，即：

$$\delta(i,j_k^n)=\begin{cases} 1, i\in\delta(i,j_k^n) \\ 0, i\notin\delta(i,j_k^n) \end{cases}$$

2.5 多米诺概率计算

在计算多米诺效应在储罐初始事故对二次单元影响时，需要先确定储罐本身的初始事故概率f_c，储罐初始事故概率可参考“紫皮书”或通过故障树分析计算获得。

储罐事故对下一储罐的多米诺概率可通过失效概率推导或数理统计等方法求得，但大多计算难度大且精度不高。本文采用蒙特卡罗算法，通过构造事故间的作用关系，并在足够多的事故场景下对各事故反复进行随机抽样，模拟热辐射作用结果。二次事故综合和扩展概率是在初始事故的基础上计算获得的；三次事故的综合概率是在二次事故的基础上进一步计算得到的。

3 个人风险计算

可接受风险标准是个人风险评估的基础，本文在对风险评估ALARP模型及可接受风险标准分析的基础上，基于Surfer软件提出了个人风险叠加计算方法，从而实现多米诺效应不同综合概率的个人风险等值线图可视化，对于港口油品罐区管理、规划和布置更具有实际意义。

3.1 ALARP原则

1）ALARP原则理论

风险原则是对风险可容忍程度的度量。2001年，英国健康与安全执行局（Health and Safety Executive，简称HSE）建立了“风险的可容忍性框架”，即被国外广泛接受的ALARP（As Low As Reasonably Practicable，简称ALARP）原则。ALARP原则将风险分为三个区，即：不可接受区、ALARP区和可接受区，见图6-3。

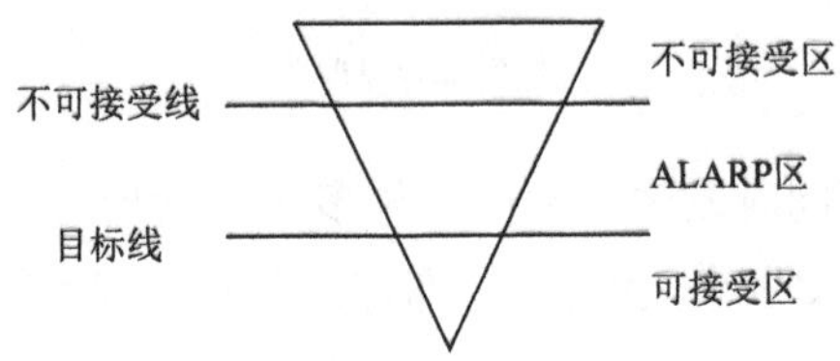

图6-3 风险评估ALARP模型

ALARP原则认为：任何系统都不存在零风险状态，由于风险控制边际效应的存在，对风险控制的投入必须有度，不能盲目决策。因此，合理确定风险的可接受水平对于风险评估至关重要。

图6-3中ALARP模型表达的含义如下：

（1）对港口油品储罐风险评估，如果计算出的风险指标在不可接受线之上，则落入不可接受区。此时表明，该港口油品储罐风险是无论如何不能被接受的。

（2）如果所计算出的风险指标在目标线和不可接受线之间，则落入“ALARP”区。此时，如果增加安全费用对有效降低风险水平有显著作用，使风险指标降低到可接受区，可进行安全费用投入。如果安全费用投入对降低罐区风险水平作用不明显，则应容许风险存在，但应对生产过程重点监控。

(3)如果计算出的风险指标在目标线之下,则落入可接受区。此时,该风险是可以被接受的,无须再采取安全改进措施。

犹他州立大学 D.S.Bowles 教授认为在不可接受风险区之下的风险不一定是可容忍风险,与不可接受风险相对的应该是可接受风险和可容忍风险、不可容忍风险。即 ALARP 区分为可容忍风险区和不可容忍风险区。不可容忍风险需要通过工程、管理等措施将油品罐区的风险降低到可容许风险。从港口油品罐区风险决策的角度考虑,区分不可接受风险和不可容忍风险没有现实意义。

2)港口行业 ALARP 原则讨论

西方发达国家风险标准制定较早,但是标准不统一,如英国新建和在运营医院、学校等高敏感目标和场所可接受风险为 3×10^{-7}/ 年;荷兰新建医院、学校等高敏感目标和场所可接受风险为 1×10^{-6}/ 年,在运营医院、学校等高敏感目标和场所可接受风险为 1×10^{-5}/ 年。ALE.B.J.M 比较了英国与荷兰的风险准则,认为:两国的生命风险都采用 F-N 曲线,个人容许风险都取上限。但是英国法律属于不成文法,荷兰法律为成文法,因此,英国的风险准则是最基本要求,而荷兰的风险标准满足即可。

目前,我国许多沿海、沿江城市提出了"以港兴市"的口号,港口距离城市一般比较近,且周围人口密度高。在确定港口油品罐区风险标准时,一方面应考虑安全保障要求,另一方面也应充分考虑基本国情。风险标准定得太高会劳民伤财、得不偿失;风险标准定得太低起不到安全防护的效果。

我国各地港区内属于交通港口主管部门监管的已建罐区近万个,最近十年建设的储罐不到总数的一半,大部分罐龄较大的储罐仍在使用,当时建设的标准较低。考虑到历史和现实原因,本文认为新建和在运营的港口储罐设置不同的个人可接受风险标准较为合理,且新建储罐的个人可接受风险应比在运营储罐的个人可接受风险标准更高。我国港口行业目前执行的个人可接受风险标准是没有区分新建和在运营设施,且完全引用英国 HSE 的标准。我国港口重大危险源个人风险可接受标准见表 6-2。

我国港口重大危险源个人风险可接受标准 表 6-2

港口重大危险源周边重要目标的敏感场所类别	可接受风险值(/ 年)
1. 高敏感场所(如学校、医院、幼儿园、养老院等); 2. 重要目标(如党政机关、军事禁区、军事管理区、文物保护单位等); 3. 特殊高密度场所(如大型体育场、大型交通枢纽、大型露天市场等)	$<3\times10^{-7}$
4. 居住类高密度场所(如居民区、宾馆、度假村等); 5. 公众聚集类高密度场所(如办公场所、商场、饭店、娱乐场所、公园、广场等)	$<1\times10^{-6}$

国际上一般采用风险控制系数与国家人口分年龄段死亡率最低值乘积作为个人可接受风险值。今后,交通运输部在修订该标准时建议可采用我国最近(2011 年)一次人口普查数

据中的人口分年龄段死亡率作为依据进行计算，制定适合我国国情与行业特点的个人风险可接受标准。同时，将港口罐区（周边）个人可接受风险值按新建、在运营罐区分开设定，且新建罐区（包括新、改及扩建港口罐区）比已在运营罐区的风险值应更严格，有利于逐步规范包括油品在内的港口危险货物风险管理工作。港口规划编制或修订时也应充分考虑已建与新建包括油品在内的危险化学品港口建设项目风险大小。

3.2 个人风险计算

港口罐区事故损失分为生命损失、经济损失和社会、环境影响。相应地，港口罐区风险可相应分为生命风险、经济风险和社会、环境风险等四个方面。本文重点研究生命风险中的个人风险。

1）个人风险定义

个人风险是指一个无防护的人永久地待在某一地方，在一年内遭受偶然事故死亡的可能性。个人风险可接受指标是在历史统计数据的基础上，根据各国经济、政治、人文等具体情况制定出来的。可用式（6-7）表示：

$$IR(x,y)=\sum_{i=1}^{n}f_i v_i(x,y) \tag{6-7}$$

式中：$IR(x,y)$——在坐标(x,y)处产生的个人风险；

f_i——第i个储罐的事故综合概率；

$v_i(x,y)$——第i个储罐发生事故在坐标(x,y)处引起个人死亡概率；

n——研究储罐的个数。

2）个人死亡概率获取

港口油品储罐的事故综合概率可按照港口油品罐区多米诺效应定量计算，应用蒙特卡罗模拟方法计算获得。个人死亡概率$v_i(x,y)$与储罐事故在位置(x,y)处产生的热辐射强度直接相关。$v_i(x,y)$和概率变量的关系可以用式（6-8）表示：

$$v_i(x,y)=\frac{1}{\sqrt{2\pi}}\int_{-\infty}^{Y-5}\exp\left(-\frac{x^2}{2}\right)\mathrm{d}x \tag{6-8}$$

式中：Y——概率变量；

x——积分变量。

所考虑的因素可通过人体伤亡模型计算得到，即

$$Y=-37.23+2.56\ln D$$

$$D=I^{1.33}t$$

式中：D——致死剂量；

I——热辐射强度，W/m^2；

t——接触时间，s。

3）个人风险计算与可视化

目前，国内重大危险源评估商业化软件无法进行不同事故概率的个人风险等值线计算，本文应用 Surfer 软件将研究的港口油品罐区及周围区域划分为 10m×10m 的网格单元。Surfer 软件是美国 Golden Software 公司编制的一款绘制等高线图的软件。网格内任意点的个人风险值可由式（6-8）计算后叠加得到，进而可以绘制任意个人风险等值线图，实现个人风险等值线图可视化。

根据 ALARP 原则，应用 Surfer 软件，可以绘制港口油品罐区重大危险源可接受个人风险等值线图。个人风险等值线可视化的实现，便于直观地在图上判断出港口油品罐区周边重要目标和敏感场所的风险是否可以接受，也可以对比港口油品罐区多米诺效应对个人风险值的影响程度。

4 实例分析

本文针对港口油品罐区重大危险源事故算例进行分析计算，按照上述研究成果，港口油品重大危险源的评估流程如下：

（1）确定港口油品罐区范围及重大危险源单元，并进行辨识与分级。

（2）确定事故场景，计算油品储罐的泄漏量。

（3）计算事故储罐热辐射损害矩阵，辨识可引发多米诺效应二次事故的范围。

（4）计算多米诺效应事故二次扩展概率。

（5）参考“紫皮书”，假定初始事故概率，应用蒙特卡罗方法模拟计算储罐多米诺效应二次事故综合概率。

（6）以二次事故综合概率作为初始概率，进而计算多米诺效应三次事故综合概率。

（7）根据个人风险定义及 Surfer 软件，计算港口油品罐区重大危险源初始概率、多米诺效应二次事故概率、多米诺效应三次事故概率条件下的个人风险。

4.1 工程简况

1）工程概况

某港口拟建设原油库区一期工程，设计总罐容 $80\times10^4m^3$，由两个罐组组成，每个罐组由

四个 $10\times10^4m^3$ 外浮顶储罐组成，储存油种为原油，充装系数 0.85，储罐直径 D=80m，罐高 H=23m。储罐间、配电间、罐组间距离见图 6-4 所示。

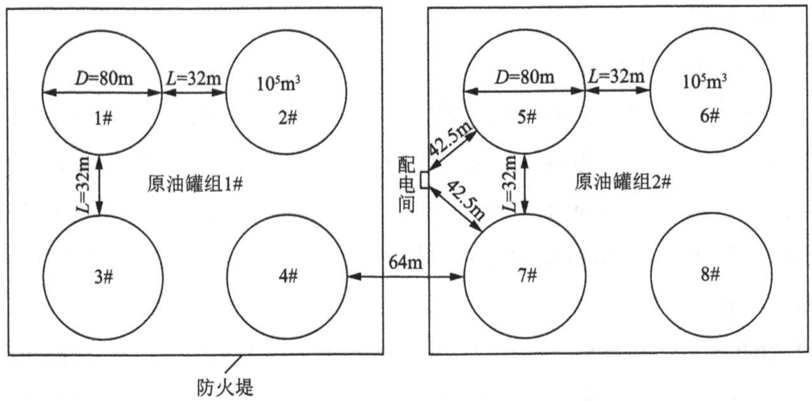

图 6-4　罐区布置示意图

2）模拟气象场景

模拟气象场景参数见表 6-3。

模拟气象场景资料　　表 6-3

序　号	气象要素		单　位	指　标
1	气温	年平均气温	℃	10.9
2	相对湿度	多年平均	%	67.5
3	大气压力	多年平均气压	mbar	1015.7
4	主导风向	多年	—	N
5	风速	年平均风速	m/s	0.6
6	大气稳定度		—	D

3）重大危险源辨识、分级

在该罐区周围 500m 范围内无其他单元，因此该罐区为一个重大危险源。当各储罐均充满原油时，经计算罐区原油总容量为 578000t，重大危险源校正系数 α 取 1，经计算 R=115.6，因此为一级重大危险源。

4）泄漏情景选取

假定任一原油储罐泄漏，泄漏孔径 25mm，有效泄漏时间 40min，泄漏系数取 0.62，经计算泄漏量为 9712.8kg。

4.2　多米诺效应评估

按照上述泄漏场景，一旦泄漏的油品遇到点火源，则会发生火灾事故。

1）多米诺效应二次事故影响及扩展概率计算

图 6-4 中任意两个储罐之间的距离为 l_{ij}，则由式（6-5）可得：

$$L=\begin{bmatrix} 0 & 72 & 72 & 118.4 & 216 & 328 & 203.3 & 306.6 \\ 72 & 0 & 118.4 & 72 & 104 & 216 & 142.4 & 203.3 \\ 72 & 118.4 & 0 & 72 & 203.3 & 306.6 & 216 & 328 \\ 118.4 & 72 & 72 & 0 & 142.4 & 203.3 & 104 & 216 \\ 216 & 104 & 203.3 & 142.4 & 0 & 72 & 72 & 118.4 \\ 328 & 216 & 306.6 & 203.3 & 72 & 0 & 118.4 & 72 \\ 203.3 & 142.4 & 216 & 104 & 72 & 118.4 & 0 & 72 \\ 306.6 & 203.3 & 328 & 216 & 118.4 & 72 & 72 & 0 \end{bmatrix} \tag{6-9}$$

将式(6-9)中代入热辐射通量模型计算后，式(6-5)可变为：

$$I=\begin{bmatrix} 0 & 32.22 & 32.22 & 11.92 & 3.58 & 1.55 & 4.04 & 1.78 \\ 32.22 & 0 & 11.92 & 32.22 & 15.44 & 3.58 & 8.24 & 4.04 \\ 32.22 & 11.92 & 0 & 32.22 & 4.04 & 1.78 & 3.58 & 1.55 \\ 11.92 & 32.22 & 32.22 & 0 & 8.24 & 4.04 & 15.44 & 3.58 \\ 3.58 & 15.44 & 4.04 & 8.24 & 0 & 32.22 & 32.22 & 11.92 \\ 1.55 & 3.58 & 1.78 & 4.04 & 32.22 & 0 & 11.92 & 32.22 \\ 4.04 & 8.24 & 3.58 & 15.44 & 32.22 & 11.92 & 0 & 32.22 \\ 1.78 & 4.04 & 1.55 & 3.58 & 11.92 & 32.22 & 32.22 & 0 \end{bmatrix} \tag{6-10}$$

式(6-10)中数值与表6-1热辐射阈值标准对照，可辨识出各罐发生事故后可引发多米诺效应二次事故的具体储罐，见表6-4。

各罐引发多米诺效应二次事故的储罐 表6-4

初始事故储罐	二次事故影响储罐
1#	2#、3#
2#	1#、4#、5#
3#	1#、4#
4#	2#、3#、7#
5#	2#、6#、7#
6#	5#、8#
7#	4#、5#、8#
8#	6#、7#

利用式(6-1)、式(6-2)、式(6-3)可计算得到各罐的二次扩展概率矩阵，计算结果如下：

$$F=\begin{bmatrix} 0 & 0.76395 & 0.76395 & 0.08809 & 0.000057 & 0.00000001 & 0.00015 & 0.00000005 \\ 0.76395 & 0 & 0.08809 & 0.76395 & 0.20795 & 0.000057 & 0.01692 & 0.00015 \\ 0.76395 & 0.08809 & 0 & 0.76395 & 0.00015 & 0.00000005 & 0.000057 & 0.00000001 \\ 0.08809 & 0.76395 & 0.76395 & 0 & 0.01692 & 0.00015 & 0.20795 & 0.000057 \\ 0.000057 & 0.20795 & 0.00015 & 0.01692 & 0 & 0.76395 & 0.76395 & 0.08809 \\ 0.00000001 & 0.000057 & 0.00000005 & 0.00015 & 0.76395 & 0 & 0.08809 & 0.76395 \\ 0.00015 & 0.01692 & 0.000057 & 0.20795 & 0.76395 & 0.08809 & 0 & 0.76395 \\ 0.00000005 & 0.00015 & 0.00000001 & 0.000057 & 0.08809 & 0.76395 & 0.76395 & 0 \end{bmatrix} \tag{6-11}$$

2）多米诺效应综合事故概率计算

应用蒙特卡罗算法可计算罐区多米诺效应二次和三次事故综合概率。本文应用 Matlab 语言编程，模拟次数为 10^8、10^9 次；各储罐初始假定事故概率 $f_c=10^{-4}y^{-1}$；二次扩展概率见式（6-11）。经蒙特卡罗模拟计算，两次计算所得结果最大相对误差小于 0.1%，表明模拟次数 10^9 时蒙特卡罗模型计算精度较高。

该罐区 1~8# 储罐多米诺效应二次事故综合概率 k_i 分别为：$0.0002526y^{-1}$、$0.0002728y^{-1}$、$0.0002522y^{-1}$、$0.0002731y^{-1}$、$0.0002732y^{-1}$、$0.0002522y^{-1}$、$0.0002733y^{-1}$、$0.0002525y^{-1}$。

该罐区 1~8# 储罐多米诺效应三次事故综合概率 k_i 分别为：$0.000653237y^{-1}$、$0.000729994y^{-1}$、$0.00065253y^{-1}$、$0.000729704y^{-1}$、$0.000730601y^{-1}$、$0.000652261y^{-1}$、$0.000731338y^{-1}$、$0.000653245y^{-1}$。

在考虑多米诺效应后，各储罐发生池火灾的初始、二次和三次事故综合概率对比，见图 6-5。

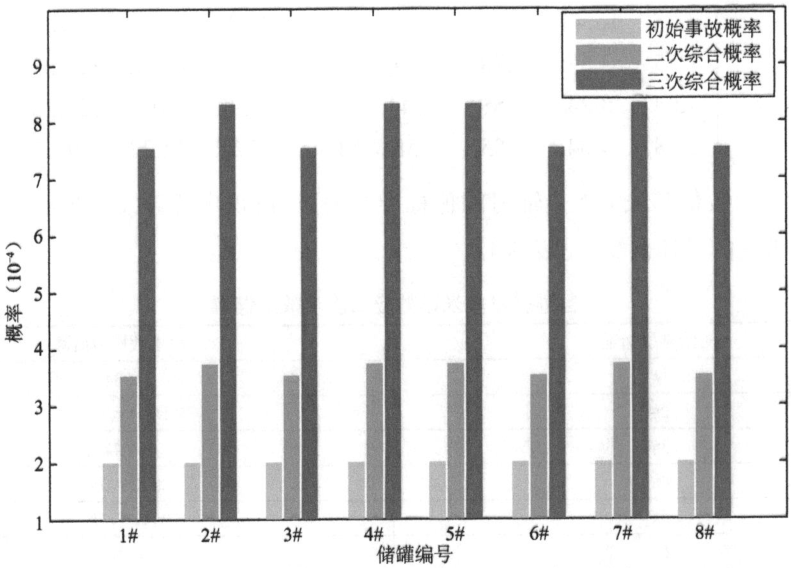

图 6-5　多米诺效应初始、二次和三次事故综合概率对比

从图 6-5 各储罐概率变化可以看出，该港口原油罐区各储罐均可引发多米诺二次和三次事故。多米诺效应二次和三次事故发生后，各储罐发生池火灾的概率均显著增大，且三次事故综合概率大于二次事故综合概率，二次事故综合概率大于初始事故综合概率，验证了多米诺的扩展效应不可忽略。其中二次和三次事故综合概率增长最大的储罐有 2#、4#、5#、7#，主要原因是这四个储罐位于罐区中央，受周围储罐影响最大。1#、3#、6#、8# 储罐位于边缘位置，受到的影响较小，因此二次和三次事故综合概率也增幅较小。

3）个人风险值变化对比

应用 Surfer 软件将图 6-4 划分为 10m×10m 的网格单元，网格点的个人风险值可由式（6-7）、式（6-8）以及蒙特卡罗模拟方法分别计算得到，然后叠加得到该网格点处最终的个人风险值。根据 ALARP 原则，以可接受风险 1×10^{-6} 为例，绘制个人风险等值线，见图 6-6 ～图 6-8。

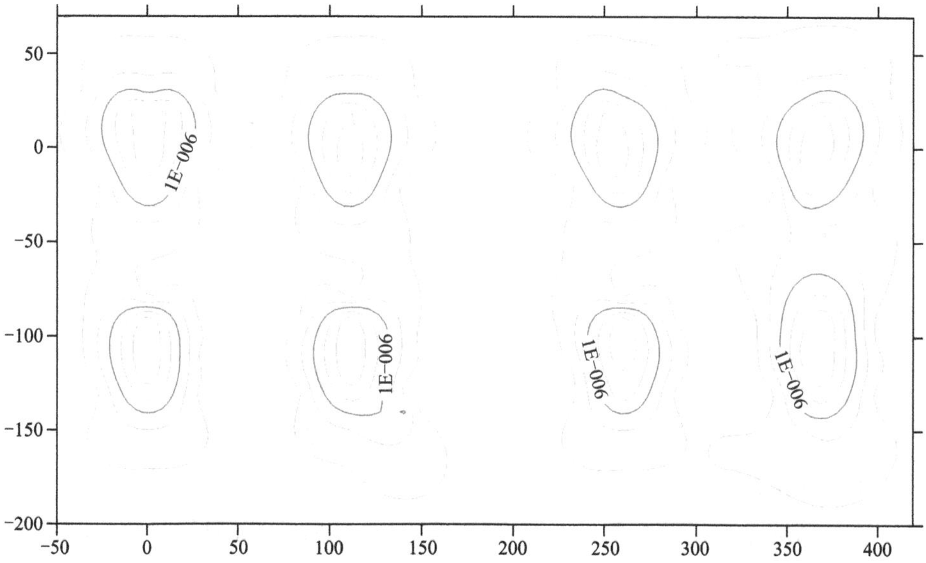

图 6-6　初始事故 1×10^{-6} 个人风险等值线

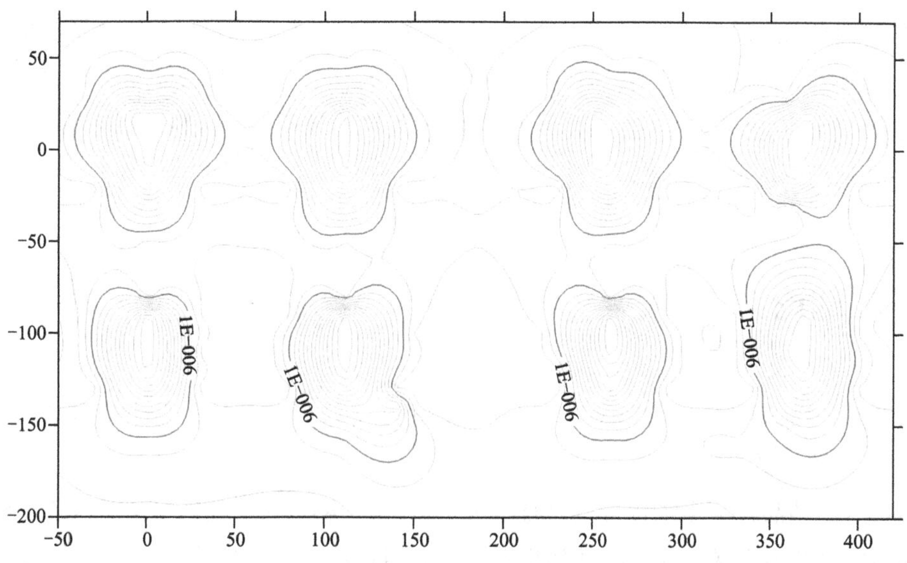

图 6-7　考虑多米诺效应二次事故时 1×10^{-6} 个人风险等值线

从图 6-6 ～图 6-8 中可以看出考虑多米诺效应初始事故、二次事故、三次事故后，罐区 1×10^{-6} 个人风险等值线位于各储罐周围，且随着储罐综合事故概率的增大，个人风险等值圈也逐渐增大，由此可见多米诺效应对港口油品罐区的个人风险影响是显著的。

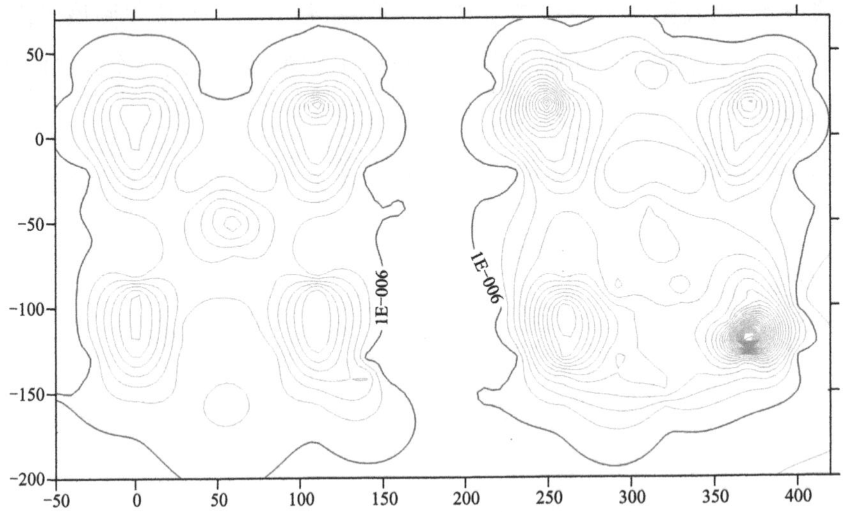

图 6-8　考虑多米诺效应三次事故时 1×10^{-6} 个人风险等值线

图 6-4 中 2# 原油罐组旁配电间距最近的储罐距离为 42.5m，根据《石油库设计规范》规定：独立配电间距离罐容为 $5\times10^4 m^3$ 或以上容量的外浮顶储罐、内浮顶储罐不应小于 40m。因此，其符合规范要求。尽管目前针对配电间还未制定风险标准，但从图 6-6、图 6-7 可以看出该配电间均在 1×10^{-6} 个人风险等值线外区域，但考虑多米诺效应三次事故时，该配电间在 1×10^{-6} 个人风险等值线内区域。

另外，根据 ALARP 原则及表 6-2 我国港口重大危险源个人风险可接受标准，在 1×10^{-6} 个人风险等值线区域内不应布置居住类高密度场所和公众聚集类高密度场所。我国很多港口罐区建设需要征地、拆迁，在图 6-8 中 1×10^{-6} 个人风险等值线内区域如有未拆迁的民房，在罐区正式运营前应及时搬迁。

5　结论

针对港口油品罐区重大危险源，基于多米诺效应，本文系统研究了基于多米诺效应的港口油品罐区风险评估方法。

（1）对港口油品罐区多米诺效应进行了分析，提出了港口储罐之间的事故多米诺效应发生、发展机理以及多米诺效应风险评估步骤。在采用扩展概率模型的基础上，提出了多米诺效应储罐辨识和蒙特卡罗计算储罐综合事故概率的方法。

（2）在对风险评估 ALARP 模型及可接受风险值分析的基础上，基于 Surfer 软件提出了个人风险叠加计算方法，实现了多米诺效应不同综合概率的个人风险等值线图可视化。

（3）实例研究表明多米诺效应对储罐事故概率和个人风险值影响较大，不可忽略。考虑多米诺效应不同次数事故的个人风险等值线图可视化对于指导港口油品罐区选址、规划、布置和管理更具有实际意义。

（4）本文在个人风险计算中仅考虑了引发多米诺效应的主要因素——热辐射，在今后的研究中可进一步计算冲击波和抛射碎片的多米诺效应。

参考文献

[1] 中华人民共和国国家标准．危险化学品重大危险源辨识：GB 18218—2009［S］．北京：中国标准出版社，2009.

[2] Diego Lisbona，Joseph Januszewski，Helen Balmforth，Mike Wardman.Societal risk assessment of major hazard installations using QuickRisk[J].Process Safety and Environmental Protection.Process Safety & Environmental Protection，2011，89（6）.

[3] Albrecht Michael Birk.Shock waves and condensation clouds from industrial BLEVEs and VCEs[J].Process Safety and Environmental Protection，2017，8（110）.

[4] Jianfeng Zhou.SPA–fuzzy method based real-time risk assessment for major hazard installations storing flammable gas[J].Safety Science，2010，48.

[5] Mohanad El-Harbawi，Saari Mustapha，S.Abdul Rashid，Thomas S.Y. Choong，Mohamed AL-Shalabi. Using geographic information systems in assessment of major hazards of liquefied petroleum gas[J]. Disaster Prevention and Management，2004，13（2）.

[6] ZQ Hou，YM Zeng.Research on Risk Assessment Technology of the Major Hazard in Harbor Engineering[J].Procedia Engineering，2016，137.

[7] 夏登友，钱新明，黄金印，等．液氨泄漏扩散模拟及危害评估 [J]. 中国安全科学学报，2014，24（3）.

[8] 吴宗之．重大危险源控制技术研究现状及若干问题探讨［J］. 中国安全科学学报，1994，2（4）.

[9] 王丽敏，翟润培，孙友平，等．道化学火灾、爆炸危险指数法在 1，3 丁二烯聚合安全性评价中的应用 [J]. 中国安全生产科学技术 .2012，8（5）.

[10] 闫宏伟．重大危险源泄漏机理及应急封堵技术研究 [D]. 太原：太原理工大学，2012.

[11] 包其富，吴珂，王海龙，等．油品储罐区风险评价技术研究 [J]. 中国安全生产科学技术，2010，6（5）.

[12] 于广涛．基于重大危险源的化工园区区域安全评价研究 [D]. 沈阳：沈阳航空航天大学，2017.

[13] 陈刚．化工储罐爆炸碎片引发多米诺效应的概率模型研究［D］. 合肥：中国科学技术大学，2011.

[14] Council Directive 2003/105/EC（2003）Council Directive 2003/105/EC，Seveso Ⅱ Directive on the control of major-accident hazards involving dangerous substances with amendments. Off. J. Europ，L345.

[15] Kourniotis S P，Kiranoudis C T，Markatos N C. Statistical analysis of domino chemical accidents[J]. Journal of Hazardous Materials，2000，71（1-3）.

[16] Peniers G，Dullaert W，Ale B J M，el al. Developing an external domino accident prevention framework：Hazwim[J]. Journal of Loss Prevention in the Process Industries，2005，18（3）.

[17] 李树谦 . 基于多米诺效应的化工园区整体风险评价研究 [D] 南昌大学，2008.

[18] Reniers G L L，Dullaert W. DomPrevPlanning：User-friendly software for planning domino effects preventioin[J]. Safety Science，2007，45（10）.

[19] Darbra R M，Palacios A，Casal J. Domino effect in chemical accidents：Main features and accident sequences[J]. Jouranl of Hazardous Materials，2010，183（1-3）.

[20] Abdolhamidzadeh B，Abbasi T，Rashtchian D，el al. Domino effect in process-industry accidents-An inventory of past events and identification of some patterns[J]. Journal of Loss Prevention in the Process Industries，2011，24（5）.

[21] 王艳华，戴雪松，鲜鱼小东，等 . 化学工业重大事故的多米诺效应分析[J]，中国安全科学学报，2008，18（5）.

[22] Cozzani V，Gubinelli G，Antonioni G，el al.The assessment of risk caused by domino effect in quantitative area risk analysis[J].Journal of Hazardous Materials，2005，A127.

[23] Cozzani V，Antonioni G，Spadoni G.Quantitative assessment of domino scenarios by a GIS-based software tool[J].Journal of Loss Prevention in the Process Industries，2006，19（3）.

[24] 冯显富，王艳，张科宇，等 . 火灾爆炸事故多米诺效应耦合模型研究 [J]. 中国安全生产科学技术 .2013 年 3 月，第 9 卷（3）.

[25] 王冰 . 基于多米诺效应的石化储罐区合理布局研究 [D]. 沈阳航空航天大学，2016.

[26] 周成 . 化工储罐区事故多米诺效应概率分析 [J]. 中国安全科学学报，2010，39（3）.

[27] 刘诗飞，詹予忠 . 重大危险源辨识及危害后果分析 [M]. 北京：化学工业出版社，2013.

[28] P.A.M，Uijt de Haag，B.J.M.Ale.Committee for the Prevention of Disasters.Guidelines for Quantitative Risk Assessment（Purple Book）[R].The Hague Netherlands，1999.

[29] Health and Safety Executive，United Kingdom.Reducing risks，protecting people[R].London：Her Majesty' s Stationery Office，2001.

[30] BOWLES D S.Tolerable risk for dams：How safe is safe enough?[C].Proceedings of USSD（United States Society on Dams）27th Annual Conference.Philadelphia，PA（US），2007.

[31] 彭雪辉，盛金宝，李雷，等：我国水库大坝风险评价与决策研究 [J]. 水利水运工程学报，2014 年 6 月第 3 期 .

[32] ALE B J M.Tolerable or acceptable：A comparison of risk regulation in the United Kingdom and in the Netherlands[J].Risk Analysis，2005，25（2）.

[33] Jonkman S N，Van Gelder P，Vrijling J K.An overview of quantitative risk measures for loss of life and economic damage[J].Journal of Hazardous Materials，2003，99（1）.

7 水运工程重大危险源评价方法及技术研究

摘要:近年来,随着交通水运基础设施建设投资的增加,水运工程施工的安全问题也越来越突出,水运工程施工重大危险源(工序)缺乏有效的风险评价方法已经成为水运工程建设领域重大事故多发的一个重要原因。本文在调研施工企业现状的基础上,结合水运工程施工特点,从风险的基本概念出发,制定了事故后果衡量指标的分值评定标准和事故可能性衡量指标的分值评定标准,从而实现了对重大危险源(工序)的定量评价和分级,为今后水运工程施工项目重大危险源(工序)风险评价提供了依据。

关键词:水运工程;施工;危险源;风险;评价

1 前言

《职业健康安全管理体系规范》(GB/T 28001—2001)将“危险源”定义为:可能导致伤害或疾病、财产损失、工作环境破坏或这些情况组织的根源或状态。《重大危险源辨识》(GB 1821—2000)中将“重大危险源”定义为:长期或临时地生产、加工、搬运、使用或储存危险物质,且危险物质的数量等于或超过临界量的单元,该标准适用于危险物质的生产、使用、储存和经营等各企业或组织。长期以来,各级交通建设安全监管部门、建设单位和施工企业都在沿用“危险源”和“重大危险源”的概念。针对公路水运工程施工危险源和重大危险源的定义,交通行业的专家和学者一直有着不尽相同的认识和看法,为了统一认识,2008 年 12 月 31 日和 2009 年 2 月 10 日,交通运输部有关部门专门组织部属四个研究院的相关安全专家和科研人员进行研讨,经过充分讨论,最终达成了共识,针对交通工程施工的特点和危险源的分布,将公路、水运工程危险源定义为:在公路水运工程施工过程中可能造成人员伤亡、财产损失的施工作业活动、危险物质、不良自然环境条件等。公路水运工程重大危险源就是在危险源定义的基础上突出人员伤亡、财产损失的重大程度。

2 水运工程施工特点及本文研究的重点

水运工程属于土木工程的范畴，水运工程所从事的工作内容和应用技术与土木工程其他类型工程基本上相同或相通，仅仅是它的服务对象着重于水运行业。水运工程项目大多需要野外作业和水上作业，多工序交叉作业频繁，施工船舶和大型起重机械较多，同时工作面狭窄，受台风、洪水、风暴潮、滑坡等自然灾害的影响尤为突出，因此容易引发起重伤害、物体打击、车辆伤害、机械伤害、触电、淹溺等重大人身伤亡和财产损失事故。

近年来，随着港口工程向大型化发展，码头向深水、远离岸线区域转移，专业化码头越来越多，改扩建码头工程和危险货物码头工程亦越来越多；内河航运枢纽工程比例逐步上升。工程难度和施工环境发生了质的变化，施工建设过程中的工程安全问题较为突出。从以往事故原因分析发现：对重大危险源（工序）缺乏有效的辨识和风险评价手段，不能有针对性地制定出专项安全施工方案和提出有效的工程安全控制措施，是水运工程建设领域重大事故多发的一个重要原因。

在国家标准《重大危险源辨识》（GB 18218—2000）和国家安全生产监督管理总局《关于开展重大危险源监督管理工作的指导意见》（安监管协调字〔2004〕56 号）中对危险物质有明确的规定。本文限于篇幅，只对水运工程重大危险源（工序）风险评价技术进行探讨。

3 水运工程重大危险源（工序）评价方法选择

评价方法针对能否在评价中对评价指标进行量化处理来分类，一般可分为定性评价、定量评价和综合评价。

1）定性危险性评价

定性评价是指根据经验和判断能力对生产工艺、设备、环境、人员、管理等方面的状况进行非量化评价。定性评价由参与评价的人员凭借自己所掌握的知识、经验，对照有关的标准、规范，或者根据同类单元或类似单元以往的事故统计资料，找出单元中存在的可能在某种条件下引发事故的危险源，同时提出安全控制措施。定性评价结果总体来说比较粗略，只能大概地了解单元的危险程度，且评价结果受评价人员的经验、思维倾向、分析判断能力以及所占有资料的影响。

2）定量危险性评价

定量评价包括半定量评价和定量评价两种类型。半定量评价是指用一种或几种可直接或间接反映物质和单元危险性的指数（指标）来评价单元的危险性大小，如物质特性指数、人员素质指标等。定量评价根据对危险性量化方法的不同，又分为相对的定量危险性评价和概率危险性评价。

（1）相对的定量危险性评价。相对的定量危险性评价是对单元中存在的各种危险源，按照一定的标准打分，然后运用数学的方法将各项分值综合成一个指数，根据指数值确定单元的危险性。故又称为指数法或评点法。该方法应用起来较为简单，但易受评价者主观影响。

（2）概率危险性评价。概率的危险性评价方法是一种以可靠性为基础的评价方法，通过运用故障树分析、事件树分析、故障类型和影响分析等方法，查找出系统可能的故障或事故模式，并根据已经积累的故障和事故数据，计算出待评价系统的故障或事故发生概率，进而计算出系统的风险度和可接受的风险值。由于这种评价方法的评价结果是根据大量数据统计资料，经科学计算得出的，故它能够较好地反映系统危险性的真实大小。但这种方法的应用受到数据难以获得的限制。

（3）危险性综合评价。综合评价是在定性和定量评价方法的基础上，综合考虑影响工程安全的所有危险源，从系统的整体出发，对系统的施工工艺、设备、环境、管理等方面的危险源危险性进行综合危险性评价。模糊综合评价方法就是其中之一。

各种风险评价方法都有它的特点和适用范围，根据系统的复杂程度和评价的目的，可以采用定性、定量或半定量的评价方法。具体采用哪种评价方法，还要根据行业特点等因素进行确定。

水运工程重大危险源（工序）风险评价目的是对重大危险源（工序）进行定性定量评价，然后进行分级，进而根据分级结果对水运工程重大危险源（工序）制定出施工控制和管理措施。由于水运工程水上施工的特点，就某一具体施工工序而言，不同的施工工艺、不同的施工单位、不同的地理位置，施工的风险大小都可能不一样，因此定量评价水运工程重大危险源（工序）是个难点。

笔者调研了我国主要的水运工程施工企业：中国交通建设集团有限公司所属的第一航务工程局、第三航务工程局、第四航务工程局的相关施工公司以及上海港务工程公司、长江重庆航道工程局等企业，目前调研的所有企业对重大危险源风险评价均采用的是作业条件危险性评价法（LEC）。作业条件危险性评价法是评价人们在某种具有潜在危险的作业环境中进行作业的危险程度，该方法简单易行，危险程度的级别划分比较清楚。但是，由于它主要是根据经验来确定3个因素的分数值及划定危险程度等级，受评价人员主观因素影响较大，评价过程不能与施工工艺、施工条件有机结合起来，从调研的结果看，各企业在评价过程中各因素取值差别较大，因此评价的结果与现实也不尽相同。因此制定出一种适合水运工程重大危险源（工序）的评价方法已经势在必行。

4 水运工程重大危险源（工序）评价技术

水运工程施工项目作为一个系统，现代安全科学理论认为，安全是系统运行过程的状态描述量，是和危险互为对偶的两个系统过程的状态量。水运工程施工项目作为一个系统具有模糊性，工序危险性是系统工作状态的一个方面，它同样具有模糊性。因此，要准确、客观地描述重大危险源（工序）的危险性十分困难，必须要与工程的施工工艺、施工条件等施工的实际情况结合起来考虑。

本文针对水运工程的施工特点，通过制定水运工程重大危险源（工序）衡量指标的判定标准实现了从定性向定量的转化，结合工程的实际施工情况对水运工程重大危险源（工序）进行定量计算，从而实现了对重大危险源（工序）的风险分级。

4.1 水运工程重大危险源（工序）的风险评价原理

在我国职业安全健康管理体系中，风险定义为“某一特定危险情况发生的可能性和后果的组合”。水运工程施工重大危险源（工序）的风险是该工序施工过程中发生事故的可能性与后果的乘积，用公式表达为：

$$R = P \times C$$

式中：R—— 表示风险值；

P—— 表示事故发生的可能性；

C—— 表示事故一旦发生时将造成的后果。

4.2 水运工程重大危险源风险评价的步骤

水运工程重大危险源风险评价包括以下六个步骤，采用框图表示如图 7-1 所示。

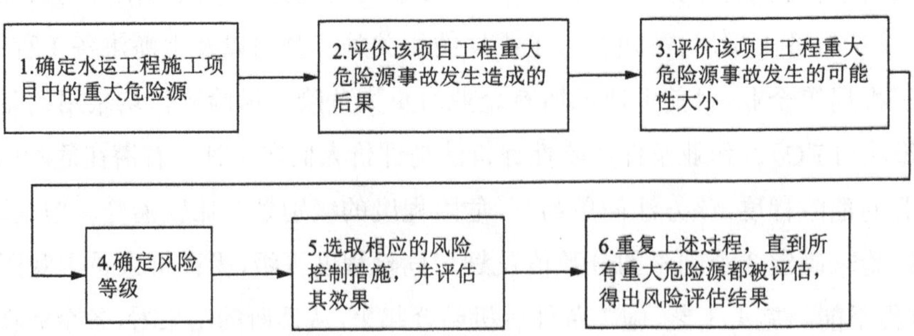

图 7-1 水运工程重大危险源风险评价步骤图

4.3 水运工程重大危险源（工序）事故发生的后果与可能性的衡量指标

4.3.1 水运工程重大危险源（工序）事故发生的后果

（1）衡量水运工程重大危险源（工序）事故发生的后果主要有两方面的指标：人员伤亡和经济损失。

（2）事故后果的评估。

表 7-1 给出了事故后果的分值判定标准。

首先依据表 7-1，分别得到人员伤亡（I）、经济损失（L）两个衡量指标的分值（分别用相应字母代表），然后相加再除以 2，得到后果的分值（C_s），即：

$$C_s=(I+L)/2$$

根据表 7-1 的判定标准，针对某项具体的水运工程项目工艺流程中的重大危险源（工序）进行一一取值、计算。

事故后果衡量指标的分值判定标准　　表 7-1

后果衡量指标	判定标准	分值
人员伤亡（I）	3 人以上死亡	3
	1~3 人死亡	2
	无死亡，有人员受伤	1
经济损失（L）	对设备设施、船舶、岸坡等造成严重破坏，短时期内难以恢复，经济损失大，经济损失大于 1000 万元	3
	对设备设施、船舶、岸坡等造成较大破坏，经济损较大，经济损失在 100~1000 万元之间	2
	经济损失较小，在 100 万元以下	1

注：无人员伤亡、经济损失或环境影响时，分值为 0。

4.3.2 水运工程事故发生的可能性

1）事故发生可能性衡量指标

衡量事故发生可能性大小的指标有五个：

（1）事故的可信度：根据同类型工程（工序）或类似工程（工序）事故发生情况，并结合有关部门提供的情报来判定。事故的可信度越高，其发生可能性就越大。

（2）出现（暴露）频率：表示在工程（工序）施工中，人员所处的作业环境（临边或水下）和构件的状态（悬空）的情况及可预测性。人员和构件出现（暴露）频率越高，可预测性越高，发生伤害、破坏的可能性就越大。

（3）对自然条件的敏感性：表示工程（工序）施工时对自然条件（风、浪、雷、雨雪、雾、潮差、潮汐等）的敏感程度。自然条件对工程（工序）影响越大，事故发生的可能性也就越大。

（4）工艺的成熟性：表示对该工艺的熟练程度。工艺越不成熟，事故发生的可能性也就越大。

（5）劳动力密集程度：表示工程（工序）施工时对劳动力的需求程度。作业的人数越多，发生事故的伤亡量可能性就越大。

2)事故发生可能性评估

首先依据表7-2,分别得到事故的可信度(R)、出现(暴露)频率(F)、对自然条件的敏感性(A)、工艺的成熟性(S)和劳动力密集程度(L)等五个衡量指标的分值(分别用相应字母代表),然后相加再除以5,得到发生可能性的分值(P_r),即:

$$P_r=(R+F+A+S+L)/5$$

根据表7-2的判定标准,针对某项具体水运工程项目工艺流程中的重要工序再一一进行取值计算。

事故可能性衡量指标的分值判定标准 表7-2

可能性衡量指标	判定标准	分值
事故的可信度(R)	较高。例如事故在同类型工程(工序)或类似工程(工序)发生过多次,或者有关部门提供的情报显示该事件很可能发生	3
	一般。例如事故在同类型工程(工序)或类似工程(工序)中曾经发生过,或者有关部门提供的情报显示该事件有可能发生	2
	较低。例如事故在同类型工程(工序)或类似工程(工序)中很少或尚未发生,或者有关部门提供的情报显示该事件发生的可能性较小	1
出现(暴露)的频率(F)	较高。例如在工程(工序)施工中,人员一直或连续处于临边或水下作业,或在固定的时间临边作业;构件一直处于悬空状态,或大部分时间处于悬空状态	3
	一般。例如在工程(工序)施工中,人员出现几次处于临边或水下作业;构件有几次处于悬空状态。或人员处于临边作业和构件处于悬空状态时间可以预计	2
	较低。人员处于临边作业和构件处于悬空状态时间很短	1
对自然条件的敏感性(A)	较高。如工程(工序)施工受自然条件(风、雨、雾、雪、潮汐等)影响较大	3
	一般。如工程(工序)施工受自然条件(风、雨、雾、雪、潮汐等)影响,但不显著	2
	较低。如工程(工序)施工不受自然条件(风、雨、雾、雪、潮汐等)影响,或影响较小	1
工艺的成熟性(S)	不成熟。如工程(工序)施工工艺从未用过	3
	一般。如工程(工序)施工工艺用过,但不常用	2
	成熟。如工程(工序)施工工艺是常用的方法	1
劳动力密集程度(L)	较高(10人以上)。如临边临水作业或人机(主要指大型机械、构件等)直接接触的作业活动劳动力密集程度较高	3
	一般(3~10人)。如临边临水作业或人机(主要指大型机械、构件等)直接接触的作业活动劳动力密集程度一般	2
	较低(3人以下)。如临边临水作业或人机(主要指大型机械、构件等)直接接触的作业活动劳动力密集程度较低	1

注:当与某项指标无关时,分值取0。

4.4 水运工程重大危险源风险等级的划分

水运工程某一工序的风险值(R_i)等于后果分值(C_s)与发生可能性分值(P_r)的乘积:

$$R_i=C_s\times P_r$$

水运工程重大危险源的风险可划分为三个等级：

（1）低：风险值 $R_i < 3$，为三级重大危险源；

（2）中等：$3 \leq$ 风险值 $R_i < 6$，为二级重大危险源；

（3）高：风险值 $R_i \geq 6$，为一级重大危险源。

对照上述划分标准，根据计算得到的风险值 R_i，可确定所评估的重大危险源（工序）的风险等级。

5 结论

本文结合我国水运工程施工特点提出的一套完整的水运工程重大危险源（工序）评价技术方法和程序。通过在唐山曹妃甸港区通用码头二期工程和天津北疆港区北港池 5# ～ 7# 泊位工程的应用，以及征求施工企业和工程管理人员的意见，该方法具有以下三个特点：

（1）适用范围广，操作简单易行。该方法不仅适用于施工企业对工程项目中的重大危险源（工序）自评，也适合安全监管部门、建设单位或中介机构对重大危险源（工序）的评价；该方法操作方便，计算简单，方便各层次文化水平人员的应用。

（2）理论依据充分，考虑的因素全面。该方法是从基本的安全系统工程原理出发，根据风险的基本理论，结合水运工程施工的特点提出来的。将评价方法与工程特点有机地结合起来，评价过程考虑到施工工艺和施工条件等因素的差别，保证了评价的全面性。

（3）评价过程层次清晰，评价结果客观。本文提出了水运工程重大危险源风险评价步骤以及事故后果与可能性定值判定标准，进而提出了水运工程重大危险源的风险等级划分方法。结构合理，层次清晰，方便应用。通过在上述两个工程项目的应用表明评价结果客观可靠、可信度高。

参考文献

[1] 中华人民共和国国家标准．职业健康安全管理体系规范：GB/T 28001—2001[S].

[2] 中华人民共和国国家标准．重大危险源辨识：GB 18218—2000[S].

[3] 刘家豪．水运工程施工技术 [M]. 北京：人民交通出版社，1998.

[4] 侯志强，刘敏燕．水运工程施工危险源辨识研究初探 [J]. 港工技术，2008（1）.

[5] 罗云，樊运晓，马晓春．风险分析与安全评价 [M]. 北京：化学工业出版社，2004.

[6] 王显政．安全评价（上册）[M]. 3 版．北京：煤炭工业出版社，2005.

8 码头面层混凝土掺入聚丙烯纤维施工控制方法

摘要：为了控制码头混凝土面层龟裂问题，利用聚丙烯纤维的良好力学性能，分析了面层混凝土掺入聚丙烯纤维的施工控制方法。以常熟兴华港二期工程码头面层施工为例，分析了影响混凝土面层质量的14个因素，并通过试验找出了应重点控制的4个主要因素，并制定了对策措施。通过有效地施工组织和控制，工程有效克服面层龟裂问题，取得了良好的工程效果。

关键词：聚丙烯纤维；码头；面层；龟裂；混凝土

0 引言

习近平总书记指出，国家重大工程要高质量建设好，全力打造精品工程、样板工程、平安工程、廉洁工程。《中共中央国务院关于开展质量提升行动的指导意见》（中发〔2017〕24号）明确要求，要确保重大工程建设质量，建设百年工程。

近年来，随着港口大规模建设，码头混凝土质量问题也是制约工程寿命的主要影响因素之一。调查发现，有的码头建设距今只有三四十年，但混凝土表皮脱落，老化严重。目前，交通运输部高度重视混凝土质量问题，提出打造“平安百年品质工程”，重点以提升工程耐久性为目标，将工程全寿命周期理念融入工程管理、设计与建设当中，既要提升设计施工质量保障年限的耐久性，也要避免不切实际的高成本、高投入，实现成本与质量安全的目标最优。

1 概述

1.1 码头面层龟裂

混凝土码头面层的龟裂是工程质量的通病，不但影响码头观感，而且更重要的是码头所处环境潮湿，裂缝的不断开展会造成钢筋的逐步锈蚀。码头混凝土面层的龟裂一般发生在混凝土浇筑完成的一个月后，初期发展快，后期龟裂程度逐渐减缓，但往往初期不影响使用，因此不被人重视。龟裂裂缝宽度和深度成因较为复杂，龟裂既有混凝土本身内部构造微观原因，又有由于不同的地理位置、施工工艺以及结构形式而导致裂缝产生的宏观原因。

1.2 聚丙烯纤维的作用机理和功能

混凝土中掺入一定量的聚丙烯纤维后，在搅拌机中与水泥、沙、石子经过一定的时间搅拌后，聚丙烯纤维均匀地分布于混凝土中的各个方向，形成了一个均匀的、多方向的微支撑体系，为混凝土提供了控制收缩龟裂最有效的次加强筋。当混凝土因收缩或冲击等原因而产生微小裂缝时，这些裂缝遇到周围的纤维，纤维承担极大部分的收缩能量，缓和应力集中的程度，因而可以阻止裂缝的扩大，有效地抑制塑性收缩龟裂的产生。研究表明：聚丙烯纤维混凝土随着纤维掺量和长度的增加，抗塑性收缩开裂的效果随之也提高。

2 工程概况

常熟兴华港区二期码头工程位于常熟兴华港区内，紧邻一期工程，工程分为一万吨与五万吨级两个泊位。该工程是在一期工程创下了良好的信誉条件下，通过议标承接的，码头部分合同总造价 5888.8 万元人民币，由中港三航局承建。工程由交通运输部第二航务工程勘察设计院设计，根据业主对码头面层的防龟裂要求以及评优要求，该码头面层混凝土中掺入了聚丙烯纤维，聚丙烯纤维长 3.8cm，掺量为 0.9kg/m^3。设计混凝土强度等级为 C30。

3 现状分析

前期，业主和项目部对聚丙烯纤维在混凝土应用情况进行了考察，并对聚丙烯的长度、掺量等进行了试验，根据试验结果，选定了聚丙烯的长度和掺量，对混凝土设计强度等级不做改变。在施工前，项目部组织人员从人、机、方法、环境4个方面对影响码头混凝土面层质量的14项施工因素进行了详细分析。影响面层质量因素分析见图8-1。

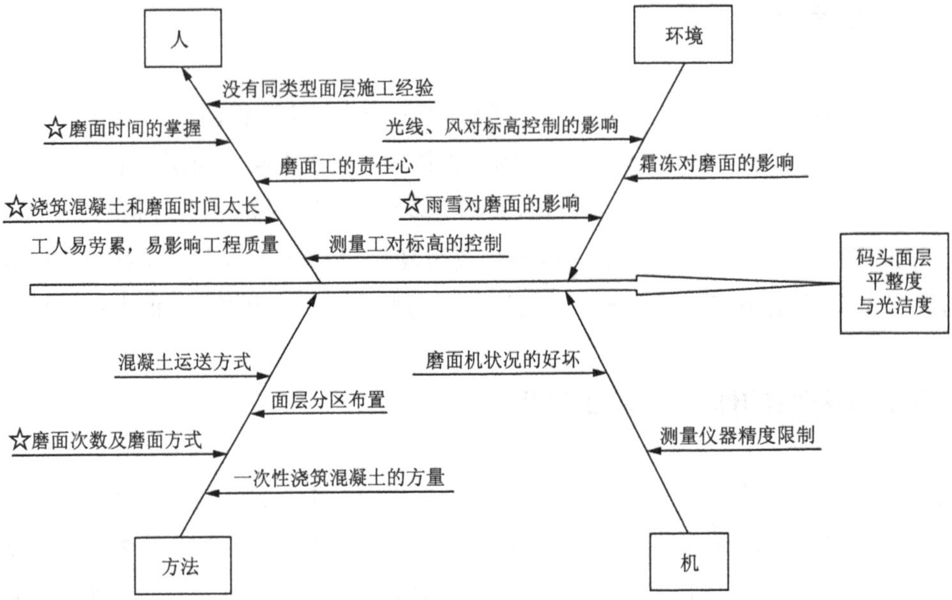

注：☆为主要影响因素项。

图8-1　影响面层质量因素分析图

3.1　人的因素主要表现

（1）没有同类型面层施工经验。对于项目部和施工队的管理人员和作业人员来说，以前从未有聚丙烯混凝土面层施工经验。当时常熟周边地区也没有同类型的工程可供参考，完全要靠施工人员现场摸索。

（2）磨面时间的掌握。混凝土浇筑以后，待到混凝土中的水分蒸发一定程度才能进行磨面。由于混凝土中掺和了聚丙烯纤维，与普通混凝土相比，工人对磨面时间不能掌握，只能坚守在现场不断尝试，总结经验。

（3）磨面工的责任心。磨面是个技术活，同时也需要耐心。掺和了聚丙烯纤维的混凝土与普通混凝土相比磨面难度更大，更需要工人的责任心，如果磨面没到位，会严重影响码头面层的观感。

（4）浇筑混凝土和磨面时间。一次浇筑混凝土量太大所花的时间就会多，磨面时间也会长，混凝土浇筑、振捣、磨面本身考验工人的耐心和耐力，时间太久工人会出现烦躁和乏力情况，会影响浇筑和磨面的质量。

(5)测量工对标高的控制。混凝土面层是有一定标高和坡度的,如果标高出现问题,会影响码头面排水,因此控制好标高也是混凝土面层施工质量控制的关键因素之一。

3.2 环境的因素主要表现

(1)光线、风对标高控制的影响。码头面施工现场的光线和风对标高的测量影响较大。如晚上码头施工环境光线不好,容易影响测量工对标高的观测;风会使水准仪和直尺晃动,影响观测的精确性。

(2)霜冻对磨面的影响。常熟港位于长江下游,冬季会有一定天数的霜冻,霜冻天浇筑混凝土,尽管混凝土中添加了防冻剂,但还是会影响混凝土的性能,磨面操作会难度更大。

(3)雨雪对磨面的影响。雨雪天浇筑混凝土和磨面作业难度大,也影响工程质量,需要合理安排施工实际,尽量避免雨雪的影响。

3.3 施工方法的因素主要表现

(1)混凝土运送方式。混凝土的运送方式会对混凝土的施工产生一定的影响。考虑了泵送和翻斗车两种运送方式对混凝土施工的影响大小,由于项目条件所限,项目选用翻斗车来运输混凝土。

(2)面层分区布置。由于整个码头面层面积大,不可能一次浇筑完成,因此需要分若干次浇筑,按浇筑计划对每次浇筑的面层进行分区。浇筑和磨面均按照分区进行作业,这样不会造成浇筑和磨面交叉作业,更利于作业人员分组施工。

(3)磨面次数及磨面方式。磨面一般要经历 5 遍以上,掺入了聚丙烯纤维的混凝土较一般的混凝土磨面难度更大,经过试验只有 5 遍以上磨面才能达到较好的平整度和光洁度,且各次时间的掌握要恰到好处。磨面方式一般有人工磨面和机器磨面,两种磨面都能达到效果,具体选择哪种方式应取决于工人对各种磨面方式的熟练程度。

(4)一次性浇筑混凝土的方量。施工时,应合理确定一次性浇筑混凝土的方量,浇筑的方量越大,则时间就越长,上述已分析过浇筑时间的影响。

3.4 机械方面的因素主要表现

(1)磨面机状况的好坏。磨面对于磨面机的损耗非常大,往往为了节省成本,没有及时更换磨面机,导致面层混凝土施工质量不高,因此保持磨面机良好的工作状态非常重要。

(2)测量仪器精度限制。选择测量精度高的仪器并保持测量仪器处于良好工作状态对于确保面层平整度和坡度非常重要。

3.5 分析结论

针对上述14项影响码头面层工程质量的因素分析，并结合多次试验的结果，确定下列4项因素为对工程质量影响的主要因素，应予以重点研究和控制。

（1）磨面时间的掌握。

（2）浇筑混凝土和磨面的时间长度。

（3）雨、雪天气对磨面的影响。

（4）磨面次数和磨面方式。

4 现场对策措施

针对上述4项影响工程质量的主要因素，项目部认真研究并制定出现场对策措施，见表8-1。

现场对策措施表　　表8-1

序号	存在因素	措施和对策	负责人	检查人
1	磨面时间的掌握	根据天气情况，混凝土凝固时间也不同，一般浇筑混凝土以后6～10h内开始磨面	施工员 班组长	项目副经理
2	浇筑混凝土和磨面的时间长度	以轨道槽为界，分块浇筑。一般一次性浇筑不大于80方	项目总工 施工员 班组长	项目部副经理
3	雨雪天气对磨面的影响	浇筑混凝土前及时收听天气预报，避开雨雪天气	施工员	项目部副经理
4	磨面次数及磨面方式	磨面不少于5遍，磨面、压光全部采用磨面机	施工员 班组长	项目部副经理

5 实施过程

5.1 施工组织

（1）将工人分成两组，每组15人。一组专门负责混凝土浇筑，另一组专门负责磨面、压光。各组间各负其责，同时重视同测量工和施工员之间的协调配合。

（2）施工前，项目总工对具体技术问题进行技术交底，做到施工人员心中有数，有的放矢。

（3）实行质量奖罚制度。

（4）阶段性地召开研讨会，及时解决相关问题。

（5）施工过程中，施工人员全程跟踪检测，对发现的问题进行及时整改。

5.2 施工保证措施

采用直径为48mm钢管作为高程控制条，控制现浇面层的标高和坡度。根据现场实际情况对现浇面层以轨道槽为界进行分块浇筑。因施工条件所限，采用陆上强制式搅拌机进行搅拌，混凝土搅拌场地距离施工现场大约500m，混凝土搅拌70s左右后（搅拌时间比普通混凝土延长约20min），由翻斗车运输。为保证混凝土的干硬时间一致，对混凝土的堆放及翻锹严格要求，即一排排的有规则进行摊铺，从而为后面工序（振捣、拍浆）的顺利进行创造了有利的条件。混凝土的磨面、压光全部由磨面机来完成。施工前，经过人工磨面和磨面机磨面试验对比分析，发现利用磨面机磨面、压光对掺有聚丙烯纤维混凝土面层的施工具有独特的优越性。因磨面机叶片旋转始终是同一个方向，从而使面层表面的纤维压迫服帖，杜绝了人工磨面时纤维随着铁抹来回摆动，最终使面层表面呈茅草状的弊病；同时也比用人工磨面节省了大量的劳力，提高了工效。当磨面机磨到5～6遍的时候，混凝土表面光滑无抹子痕迹，混凝土凝固，此时磨面结束。养护人员要及时覆盖保湿材料，洒水养护。

6 效果检查

经过以上工序实施，顺利完成了施工任务。码头面光滑、平整。三个月以后，用放大20倍的显微镜观察，未发现有龟裂，其质量达到了预定的目标。业主、设计院专家等一致认为兴华港二期码头面层的质量处于国内领先水平。

7 结论

（1）掺入聚丙烯纤维混凝土，施工方便，易操作，仅需要增加搅拌次数和掌握好磨面时间。

（2）合理安排施工时间、人力、施工机械等是保证工程顺利进行的前提。

（3）有良好的经济性，比为膨胀混凝土便宜，而且节省更多的人力。

（4）工程质量效果良好，为整个工程的创优做出了贡献。

参考文献

[1] 朱峰，胡金雄．码头混凝土面层龟裂成因及防治 [J]. 水运工程，2003，353(6).

[2] 钱春香，耿飞，李丽．聚丙烯纤维提高水泥砂浆抗塑性开裂的机理 [J]. 东南大学学报，2005，35(5).

[3] 孙霁．混杂聚丙烯纤维混凝土损伤力学性能研究 [D]. 重庆：重庆大学硕士学位论文，2013.

[4] 王瑞兴，钱春香，丁庆领．聚丙烯纤维对混凝土性能的改善研究 [J]. 混凝土与水泥制品，2004.

[5] 代兵权．改性聚丙烯纤维混凝土耐久性能试验研究 [D]. 郑州：郑州大学硕士学位论文，2010.

9 水运工程施工安全标准体系研究

摘要：为了解决目前水运工程施工安全标准缺乏、无标准规划等问题。本文围绕水路工程施工安全技术问题，通过国内外文献研究、现场调研、专家座谈、问卷调查统计、书面征求意见等工作过程，深入研究了国内外施工安全技术标准现状，同时借鉴国外发达国家、国内相关行业施工安全技术标准成果，首次系统地研究了水运工程施工安全技术标准问题，提出“三分法”、四级层次结构的水运工程施工安全技术标准体系构建方法，构建了我国《水运工程施工安全技术标准体系》。

关键词：水运工程；施工；标准；标准体系

0 引言

当前，水运工程项目正处在大规模的建设当中，然而涉及的水运工程施工标准却相对滞后，由于缺乏一套统一的水运工程安全标准体系进行指导，导致施工过程中采取的安全管理和技术措施处于不严格、不规范的状态。水运工程施工企业仅凭自身经验和借鉴其他行业标准进行施工，这些因素在施工过程中留下了许多安全隐患，使得施工人员和工程本身的安全性无法得到可靠保证，制约了水运工程建设健康、持续的安全发展。

目前，正在实施的水运工程施工安全标准数量较少，覆盖面欠广。一些标准技术落后，未能及时更新；有些标准本身存在明显的缺陷和不足，未能随着水运工程建设的快速发展进行及时的修订。由于没有统一的标准及标准体系，有的水运工程施工企业借鉴其他行业标准参照施工[如建设部制定的《建筑施工安全检查标准》(JGJ 59—1999)、《施工企业安全生产评价标准》(JGJ/T 77—2010)等]，然而水运工程在施工上具有其特殊性，建筑标准内容和实际操作上并不完全适用。有的水运工程施工企业根据自身的经验制订相应的施工标准和规范供内部使用，然而全国水运工程施工企业的施工经验、技术水平和管理水平参差不齐，施工企业根据自身经验制定的内部规范水平有高有低，尤其是一些小型施工企业，安全管理水平和技术水平不高，施工作业安全难以得到保证。因此，水运工程施工安全标准亟待完善，水运工程施工安全标准体系亟待建立。

水运工程施工安全技术标准体系作为水运工程建设标准体系的重要组成部分，是水运工程施工安全技术标准发展的规划蓝图。水运工程施工安全标准体系是标准体系的具体体现，是编制水运工程施工安全技术标准项目库的依据，是开展水运工程施工安全技术标准工作的指导性文件，是今后一定时期内水运工程施工安全标准立项和编制年度计划的重要依据，也是水运工程施工安全标准科学管理的基础。

1 国内外施工安全标准分析

目前，发达国家已经建立了适应市场经济发展的安全技术标准体系，并达到相对完善的程度。在完善的安全技术标准体系下，标准已经深入社会生活的各个层面，为法律法规提供技术支撑，成为市场参与、合同维护、检查评定、产品检验、安全体系认证等的基本依据。

1.1 美国标准化管理体制与运行模式

美国的标准化体系是一个由工业部门和民间专业标准化团体支持的高度分散型体系。其标准体系主要由三个部分组成，即以 ANSI 为协调中心的国家标准体系；联邦政府标准体系；各专业标准化团体的专业标准体系。

（1）美国自愿性标准体系管理和协调机构——ANSI。ANSI 是美国政府认可的全国性标准化机构和国家标准协调中心的英文缩写，各行各业的标准化活动都围绕着它进行。它是一座架在联邦政府和民间标准化机构之间的桥梁。

（2）美国国家标准研究机构——NIST。NIST 是美国国家标准和技术研究院的英文缩写，作为美国高端的联邦研究机构，其以集科研、计量、标准化和技术创新于一体的实力与优势，确立了自身在美国国家标准研究的主导地位。

（3）其他美国标准制定机构。美国的科学和专业协会、行业协会、工贸协会及其他社团组织，约有 700 家左右，但得到 ANSI 认可的标准制定组织只有 200 个，其中主要的 20 个组织所制定的标准占国家标准总数的 90%。

ANSI 本身并不制定标准，而是通过向标准化团体提供程序，以公平和公开的方式管理一致性标准制定过程。NIST 是美国商务部所属的联邦研究机构，享有国会授权代表政府协调标准化活动和合格评定活动，参与美国自愿性标准化活动。美国政府不操控任何一个标准团体，标准的制定受着市场的驱动。各种标准一般是根据工业界和政府的需求来制定的。

1.2 欧洲主要国家标准化管理体制与运行模式

英国、德国和法国是欧盟成员国，也是欧洲范围内在国际标准化领域最具影响力的三个国家。与美国不同，欧洲各国的标准化管理与运行更加强调协调和统一。

（1）采取政府授权、非政府机构统一管理的标准化运行模式。在英国、德国和法国，政府并不直接进行国家标准化活动的管理，而是通过法律授权给协会主导型的非政府性质民间机构来主导国家标准化进程，英国标准化学会（BIN）、德国国家标准化学会（DIN）和法国标准化学会（AFNOR）便是在这种模式下产生的英国、德国和法国标准化组织。

（2）协调利益相关方对标准化活动的参与。在 BSI、DIN 和 AFNOR 对技术组织的管理上，无论是在标准的制修订阶段，还是在标准实施的过程中，企业、行业、政府、检测方和消费者等各方的不同利益都要得到兼顾。

（3）注重标准制定与标准实施活动的协调。在法律的授权下，英国、德国和法国的标准化管理组织，即 BSI、DIN 和 AFNOR 既负责标准的制修订，又负责标准的实施。

（4）标准化管理体制受欧盟法律法规的影响。在英国、德国和法国的国家标准中，有 50% 左右来自欧盟标准，另外有 40% 左右来自国际标准，只有 10% 左右由本国制定，这就使得三国的标准化管理体制受到欧盟的影响很大。

1.3 日本标准化管理体制与运行模式

日本是当今世界上的第二大经济体，是世界上在标准化领域影响力最大的亚洲国家。

（1）官方机构。日本政府的工业标准化管理机构，包括通商产业省的日本工业标准调查会（JISC）和农林水产省的农林产品标准调查会（JASC）。

（2）民间团体。日本民间团体很多，其中最重要的是日本规格协会（JSA），还包括其他行业标准化组织。

（3）企业标准化机构。在这三种类型的标准化机构中，民间团体承办具体事务，官方机构集中管理，企业标准是行业标准和国家标准的基础。企业通过积极参加各种标准化活动确保在行业标准和国家标准中反映企业的发展要求。

日本标准化管理体制具有两大特点：第一，日本全国标准化主管机构一直置于政府控制之下；第二，日本标准化管理体制充分发挥专业团体的作用，这种机制确保在发挥政府主导作用的同时，又体现了“专家制定”原则，保证标准符合行业发展要求。

本文在收集美、日、英、法、德等国有关工程安全的标准的基础上，对其标准管理体制及标准体系进行分析（共收集美国标准134个、日本标准82个、英国标准124个、法国标准122个、德国标准152个）。尽管这些国家和地区的安全技术法规在表现形式上有所不同，但有其共同特点：

（1）由国家法律法规对标准化活动本身进行规范。

（2）建立不同层次的安全技术法规体系。

（3）安全技术法规的规定较为详尽，已经不单纯关注安全问题，而是安全、健康、环保等各方面并重，切实保护工程参与人员的身心健康。

1.4 我国施工安全标准分析

早在20世纪90年代，国内专家就开展有关安全卫生标准的研究工作，并提出将我国安全卫生标准体系分为七个分体系的构想，即基础标准、安全管理标准、生产设备安全标准、安全工程标准、人机工程标准、劳动卫生标准和劳动防护用品标准。我国安全生产相关国家标准按专业序列来分分为：安全设计、安全标识、安全防护、劳动卫生、安全管理等。目前，我国房建、市政建设行业、水利水电建设行业、铁路建设行业、公路建设行业等已经制定了一系列的施工安全标准，有的已经成体系成规模，较为完善；有的只是制定了零星的施工安全标准，还没有成体系和规模。

1）房建、市政建设行业工程安全标准

我国房建、市政建设行业现有的行业标准及标准体系框架，主要包括CJJ、JGJ系列标准，建筑行业已经建立了相对较为全面的建筑工程安全技术标准体系，对房屋建筑涉及的用电、脚手架、扣件及其他工序等安全技术都作出了详细规定。

2）水利水电行业工程安全标准

我国水利水电领域现有的行业标准及标准体系框架，主要包括DL、SD以及SL系列标准。由于水利水电行业与水运行业有相同或相似之处，因此水利水电行业标准对水运工程标准制订具有重要借鉴意义。目前水利水电行业的工程安全标准体系如下：

（1）通用标准

DL 5180—2003　水电枢纽工程等级划分及设计安全标准

DL/T 5124—2001　水电水利工程施工压缩空气、供水、供电系统设计导则

DL 5061/1996　水利水电工程劳动安全与工业卫生设计规范

DL/T 5133—2001　水电水利工程施工机械选择设计导则

DL/T 5134—2001　水电水利工程施工交通设计导则

DL/T 5192—2004　水电水利工程施工总布置设计导则

（2）专业标准

DL 5162—2002　水利水电工程施工安全防护设施技术规范

SD 267—88　水利水电建筑安装安全技术工作规程

DL/T 5333—2005　水电水利工程爆破安全监测规程

SL 398—2007　水利水电工程施工通用安全技术规程

SL 399—2007　水利水电土建工程施工安全技术规程

SL 400—2007　水利水电工程金属结构与机电设备安装安全技术规程

DL/T 5373—2007　水电水利工程施工作业人员安全技术操作规程

（3）铁路建设行业工程安全标准

铁路行业在长期的铁路工程建设过程中积累了丰富的施工经验和安全管理经验。铁路行业在这些宝贵经验的基础上制定了铁路工程安全技术标准，其中 TBJ401 至 TBJ412 共 12 个标准制订于 1987 年，在 2003 年修订时合并成一个标准《铁路工程施工安全技术规程》（TB 10401—2003）。

（4）公路建设行业工程安全标准

我国自 1981 年起正式建立公路工程行业标准体系，标准有了系统的编号。2002 年 7 月 10 日，交通部以（交公路发〔2002〕288 号）文的形式发布了《公路工程标准体系》（JTG A01—2002）。该体系从门类上分为：综合、基础、勘测、设计、检测、施工、监理、养护管理等 8 类。但关于施工安全仅有一个《公路工程施工安全技术规程》标准，因此交通公路行业也缺乏工程施工安全标准体系研究和整体规划。

另外，本研究还收集了“电力建设行业工程安全标准”“机械行业安全标准”以及部分省市在相关的工程施工安全方面已制定并发布的一些标准，如《北京市市政工程施工安全操作规程》（DBJ 01-56—2001 ）、《天津市高速公路工程施工技术规程》（TBJ 8—94 ）等。

（5）国内外施工安全标准化对比分析

20 世纪以来，许多国家认识到控制标准是应对市场经济的一个重要手段和武器，在全球经济一体化情况下，标准在控制市场中起到了一个关键的作用。无论是站在标准化组织层面还是国家层面，世界主要发达国家的标准化管理体制和运行模式，及其标准化发展战略都对我国标准化体系的建设和发展具有重要的借鉴意义。

近年来，我国交通工程施工安全生产形势呈现总体平稳、趋于好转的势态，但事故总量依然很大，重特大事故时有发生，其中一个重要原因之一就是安全生产标准化工作相对滞后、薄弱，主要体现在：①系统性较差，急需的部分安全生产标准缺失；②安全生产标准基础研究缺少，安全生产标准体系、方法和技术等基础理论研究较为薄弱；③部分安全生产标准老化、内容过时；④标准制修订工作缺乏统一规划。

2 水运工程施工安全标准体系构建

2.1 编制原则

水运工程施工安全标准体系在编制过程中力求：①覆盖面全，重点突出；②层次、结构清晰；③规模、数量适当；④内容上突出水运工程施工安全管理重点；⑤技术上积极吸收先进成果。

2.2 编制依据

本标准体系的主要编制依据如下：①《中华人民共和国标准化法》《中华人民共和国安全生产法》《建设工程安全生产管理条例》《公路水运工程安全生产监督管理办法》等法律、法规、规章；② GB/T 13016—91《标准体系表编制原则和要求》等。

2.3 门类划分依据

在门类划分上是按照 GB/T 13016—91《标准体系表编制原则和要求》的要求，将专业标准体系划分为专业基础标准、专业通用标准、专业专用标准。基础标准是指在一定范围内作为其他标准的基础并普遍使用，是具有广泛指导意义的标准；专业通用标准是指在水运工程施工安全生产专业下同时表达若干种标准化对象所共有特征的标准；专业专用标准是指直接表达一种标准化对象的个性特征的标准。

2.4 水运工程施工安全技术标准体系层次构建

结合上述分析，制定水运工程施工安全技术标准体系层次图见图 9-1。

本次体系结构分为基础标准、通用标准、专用标准三个层次。

第一层基础标准，反映了水运工程安全技术领域所具有的共同特征，可分为：术语与定义、标志与标识等。

第二层通用标准，反映了服务于水运工程不同对象的安全技术共性标准。可分为：信息与资源标准、职业健康标准、培训与考核标准等。

第三层专用标准，为体现不同类型水运工程安全技术的特色，把专用标准又分为临时设施安全标准、施工安全设计标准、安全防护标准等，其反映了专业性质的安全技术标准。

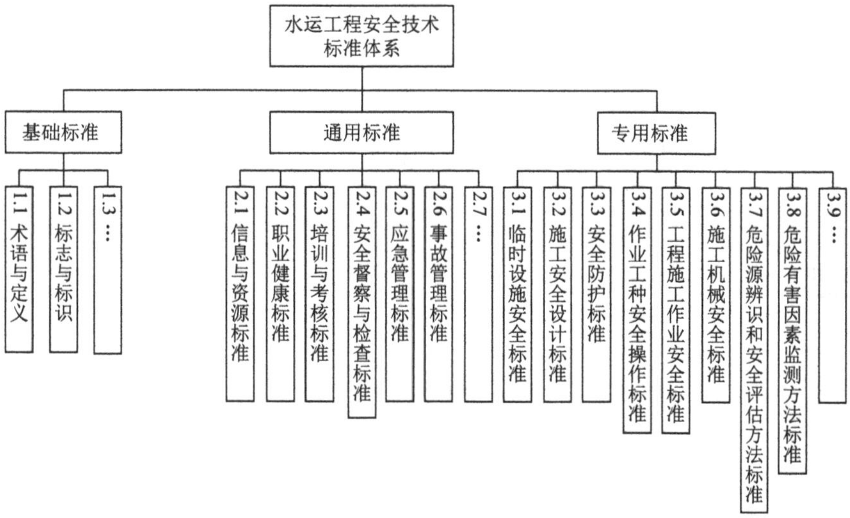

图 9-1　水运工程施工安全技术标准体系层次

2.5　体系表中标准分析

在上述体系层次中，经调研全国水运工程施工企业、监理企业和水运工程质量监督部门，共收集到 17 项标准，其中已制定的 1 项，需要新制定标准 16 项，并按照先急后缓进行分类。各类标准的统计表见表 9-1。

各类标准统计表　　表 9-1

标准类别	应有数（个）	现有数（个）	现有数比应有数（%）
基础标准	1	0	0
通用标准	11	0	0
专用标准	5	1	20
共计	17	1	5.9

3　结语

本文在对国内外各行业、各领域安全标准及标准体系分析的基础上，对现有水运工程安全及相关标准进行了梳理，吸收先进成果，建立了水运工程施工安全标准体系。体系分为基础标准、通用标准、专用标准三个层次。分别反映了水运工程安全技术领域所具有的共同特征；反映了服务于水运工程不同对象的安全技术共性标准；反映了专业性质的安全技术标准。结合研究成果，针对目前水运工程施工安全标准体系的现状，本文建议：

（1）应将水运工程施工安全标准作为子体系，纳入水运工程建设标准体系中。

（2）建立和完善标准化工作运行机制。水运工程施工安全技术标准体系需要不断完善和修订。标准化建设作为一个长期的任务，需要建立一个由政府主导，施工企业以及科研等相关部门参与的标准化协商机制。

（3）加强标准及标准体系制定、完善方面的投入。

参考文献

[1] 中华人民共和国国家标准 . 职业健康安全管理体系规范：GB/T 28001—2001[S]. 北京：中国计量出版社，2001.

[2] 中华人民共和国国家标准 . 危险化学品重大危险源辨识：GB 18218—2018[S]. 北京：中国标准出版社，2018.

[3] 刘家豪 . 水运工程施工技术 [M]. 北京：人民交通出版社，1998.

[4] 侯志强，刘敏燕 . 水运工程施工危险源辨识研究初探 [J]. 港工技术，2008（1）.

[5] 罗云，樊运晓，马晓春 . 风险分析与安全评价 [M]. 北京：化学工业出版社，2004.

[6] 王显政 . 安全评价（上册）[M]. 3 版 . 北京：煤炭工业出版社，2005.

[7] 中华人民共和国国家标准 . 标准体系表编制原则和要求：GB/T 13016—91[S]. 北京：中国标准出版社，1991.

[8] 交通运输部水运科学研究所 . 西部地区水路工程安全技术标准研究 [R]. 2009.

[9] 交通运输部公路科学研究所 . 西部地区公路工程安全技术标准研究 [R]. 2009.

[10] 刘晓平 . 国外工程建设标准概况和水运工程相关技术标准特点 [J]. 工程建设标准化，2015（8）.

10 交通运输企业安全绩效考核办法研究

摘要：为了对交通运输企业安全绩效进行评价，研究了交通运输企业的考核办法。通过调研我国交通运输企业安全管理实际情况，提出了交通运输企业安全绩效考核的范围、考核主体、考核内容、考核程序、安全绩效考核奖惩制度和评分标准，为落实交通运输企业安全生产主体责任，提高交通运输企业安全生产水平具有重要意义。

关键词：交通运输；企业；安全；绩效；考核

0 引言

交通运输企业是交通行业的主力军，交通运输企业的安全工作关系到国民经济发展和社会稳定。近年来，交通运输企业安全事故数量逐年下降，安全生产状况总体稳定、趋于好转，但形势依然十分严峻。主要表现在：当前交通行业个别领域死亡率同比有所回升，个别领域重大事故比例有所增长，非法违法生产现象严重，给人民群众生命财产安全造成重大损失，暴露出一些交通运输企业重生产轻安全、安全管理薄弱、主体责任不落实等突出问题。

安全通常指人没有受到威胁、危险、危害、损失的状态。安全绩效是基于职业健康安全方针和目标，与组织的职业健康安全风险控制有关的，职业健康安全管理体系的可测量的结果。绩效是可测量的，如职业病减少多少，未发生事故等。总体来说就是：根据安全生产目标，在安全生产工作方面取得的可测量结果。

交通运输企业安全绩效考核是加强企业安全管理的重要手段。2010 年，交通运输部下发了《关于进一步加强交通运输中央企业安全生产监督管理的通知》（交安监发〔2010〕534 号），明确提出了交通运输部将建立健全“央企安全生产指标考核体系，对央企安全生产工作进行安全绩效考核”。

1 安全绩效考核范围与考核主体

1.1 考核范围

交通运输企业安全生产绩效考核应涵盖我国所有从事交通运输的企业。从行业领域来分主要有从事水路运输、公路运输、城市客运、交通运输工程建设等类型的企业；从企业隶属关系来分主要有中央企业和地方企业。

1.2 考核主体

根据考核对象以及各级政府交通主管部门的安全监管职责，具体分工如下：

（1）交通运输部承担中国远洋运输（集团）总公司、中国海运（集团）总公司、中国外运长航集团有限公司、招商局集团有限公司、中国交通建设集团有限公司五家央企安全生产的政府监管职责，交通运输部是五家央企总部的安全绩效考核主体。

（2）受部委托的省级交通运输主管部门、长江航务管理局、部直属海事局根据各自的职责和业务分工承担所在地的各央企二级子公司的安全生产履行政府监管职责，受委托单位是安全绩效考核主体。

（3）地方各级交通运输主管部门承担地方交通运输行业企业和在地方注册的央企三级子公司安全生产监管职责，地方各级交通运输主管部门是安全绩效考核主体。

2 安全绩效考核内容

2.1 考核流程

交通运输企业安全绩效考核要坚持公平、公开、公正，逐级考核的原则，具体考核流程：

（1）地方各级交通运输主管部门每年一月底之前完成对地方交通运输行业企业和在地方注册的央企三级子公司前一年的安全绩效考核工作。考核结果向社会公布，并上报当地人民政府安全生产委员会、国有资产监督管理委员会，通报当地安全生产监督管理局和央企二级子公司等相关单位。

(2)省级交通运输主管部门、长江航务管理局、部直属海事局根据央企三级子公司的考核结果,于每年二月底之前完成对央企二级子公司前一年的安全绩效考核工作。考核结果向社会公布,并上报交通运输部,通报省级安全生产监督管理局和央企总部。

(3)交通运输部根据央企二级子公司的考核结果,于每年三月底之前完成五家央企总部前一年的安全绩效考核工作。考核结果向社会公布,并上报国务院安全生产委员会,通报国务院国有资产监督管理委员会和国家安全生产监督管理总局。

2.2 考核内容

交通运输企业安全绩效考核内容应包括国家法律、法规、标准、规范、规定中规定的安全生产必要的内容。同时各级交通行业主管部门根据企业特点和当地实际情况补充其他考核内容。基本的考核内容应包括:

(1)交通运输企业应建立、健全并执行安全管理制度。包括以下制度:安全生产责任制度;安全规章制度;安全操作规程;应急救援预案;安全生产教育培训制度;企业主要负责人、安全管理人员、特种作业人员、从事车辆船舶操作以及危险品运输安全管理人员管理制度;职业危害预防管理制度;劳动防护用品管理制度;其他安全管理制度。

(2)交通运输企业应按照国家有关规定足额提取安全经费,并专款专用。包括以下方面:安全生产教育和培训;配备、更新、改造和维护安全防护设备、设施;风险源的检测、评估和监控;配备应急救援器材、设备,组织开展应急救援演练;配备劳动防护用品;安全生产奖励;其他必要的安全生产支出。

(3)交通运输企业应按照国家法律有关规定设置安全生产管理机构,配备专兼职安全管理人员。

(4)交通运输企业应组织对各类人员开展安全教育、培训、考核等工作。包括以下人员:企业负责人;安全管理人员;从业人员;特种作业人员。

(5)交通运输企业应按照国家有关规定报送事故及事故调查和处理情况。

(6)交通运输企业应开展安全隐患排查和整改工作。

各级交通运输主管可根据水路运输、公路运输、城市客运、交通运输工程建设企业的特点和实际情况,补充完善相关的考核内容。

3 考核程序

市级以下(包括市级)交通运输主管部门每年一季度前完成对所负责企业的上一年度

安全生产绩效考核。考核结果向社会公布，并通报当地人民政府安全生产委员会和上一级交通运输主管部门，央企同时通报其上一级公司。

省级交通运输主管部门、长江航务管理局、部直属海事局每年一季度前完成对所负责企业的上一年度安全生产绩效考核。考核结果向社会公布，并通报当地人民政府安全生产委员会和交通运输部，央企同时通报其上一级公司。

交通运输部每年一季度前完成对所负责企业的上一年度安全生产绩效考核。考核结果向社会公布，并通报国务院安全生产委员会和国务院国有资产监督管理委员会。

4 安全绩效考核奖惩制度、评分标准

（1）交通运输部、地方各级交通运输部门每年对安全生产绩效考核先进单位以及先进个人进行评选，给予表彰奖励。对于安全生产绩效考核不合格的单位，在全行业予以通报批评，取消当年各项评先、评优资格。对于连续两年安全生产绩效考核不合格的企业，责令停业整顿，交通运输主管部门向社会公告，并向相关主管部门通报。

（2）交通运输企业安全生产绩效考核实行百分制，考核评定结果分为综合考核先进单位、合格单位和不合格单位三个等级。

5 结语

根据上述研究成果制订的《交通运输企业安全生产绩效考核指导意见》，已于2011年7月4～5日在贵阳召开的2011年全国大型交通运输企业安全工作会议上进行了宣贯。按照工作安排，2011年将按照所制定的考核标准选择企业试点，2012年在总结试点的基础上扩大考核范围，2013年在交通运输企业全面开展安全生产绩效考核工作。

通过开展交通运输企业安全生产绩效考核，对于落实企业安全生产主体责任，提高交通运输企业安全生产水平具有重要意义。

参考文献

[1] 邱伟年，张兴贵，王斌．绩效考核方法的介绍、评价及选择 [J]. 现代管理科学，2008，(3).

[2] 丁红涛，谢建宏．构造企业安全绩效管理体系 [J]. 中国安全生产科学技术，2008，(4).

[3] 张哲，白宝光．以卓越绩效评价准则为框架的管理体系整合 [J]. 内蒙古工业大学学报，2006（1）.

[4] 王婷，李雷，王伟．交通运输企业信用评价模型构建 [J]. 河北交通科技，2008，5（4）.

[5] 廖中举．企业安全绩效研究：内涵、测量及影响因素 [J]. 中国安全科学学报，2015，25（11）.

[6] Zohar D. A group-level model of safety climate: Testing the effect of group climate on micro accidents in manufacturing jobs[J]. Journal of Applied Psychology, 2000, 85(4).

11 水运工程施工安全事故多维空间致险模型研究

摘要：为了从理论上分析水运工程施工安全事故，为事故调查和事故预防提供系统可行的分析方法，提出了水运工程施工“3-2-1”事故致险机理。在分析古典、近现代致险机理的基础上，结合“2-4”模型，充分考虑了水运工程施工分级管理、受自然条件影响大等特点，采用逆推法从事故发生直接原因—间接原因—根本原因—根源原因出发，构建了“3-2-1”多维空间致因事故致险。该模型不仅可以精准定位水运工程施工项目中存在的“漏洞”，还可以针对复杂的、致险因素众多的水运工程施工系统进行定量计算。案例研究表明，该模型分析事故可观全面，将“漏洞”定位于“安全管理体系文件执行不力”，对同类型工程预防事故具有很好的指导意义。

关键词：水运工程；施工；致因模型；事故原因；定量；漏洞

0 引言

近年来，随着经济发展和水运工程大规模建设，码头、航道、防波堤等水运工程施工安全事故屡有发生。水运工程施工具有水上、临水、近水作业的特点，受潮流、风浪、水位、地质等条件的影响，孕险环境时刻都在变化。另外，水运工程施工工艺较为复杂，涉及的车、船、机械等设备设施多，人机交叉作业频繁。水运行业缺少安全事故致险机理，导致无法从理论层面揭示事故发生、发展、演化的内在机理，是水运工程施工安全事故多发的主要原因之一。

20 世纪初，世界工业生产已初具规模，但是当时安全防护装置设置薄弱，安全意识不强，导致伤亡事故频发。在此环境下，一些学者开始研究事故发生原因，安全事故致险机理应运而生。初期，事故致因理论考虑因素单一，如“事故频发倾向论”，认为工人的性格缺陷是导致事故发生的唯一原因，反映了企业主对待事故态度消极，甚至错误的观念。事故致因模型研究发展至今，经历了古典、近代和现代致因理论三个重要发展阶段。国内外众多科研人员提出了近百种事故致因理论。每一种事故致因理论考虑致险因素不同，对安全事故发生机理阐述均有差别，分析方法、适用条件和分析出的结果也不尽相同。

古典事故致因理论认为工人的性格特征或心理受到刺激等单一因素是事故发生的主要原因。近代事故致因理论考虑了人的因素对安全事故的影响，代表理论有1972年威格尔沃思（Wigglesworth）提出的以人的失误为主因的事故致因模型，该理论较古典理论更进了一步，找出了事故直接原因之一，更接近现代事故致因理论。现代事故致因理论综合考虑了安全管理、人的不安全行为和物的不安全状态，考虑的因素较为全面，是相关学者根据保险、军事、矿山等行业事故特点构建的。尽管现代事故致因理论具有一定的普适性，但由于其他行业安全传统、管理模式、作业特点和安全特征都不一样，应用到其他行业不一定能达到分析的目的。

每一代事故致因理论的提出和发展都有自身的时代背景，并没有绝对的对错之分。总体上，随着社会技术系统越来越复杂，事故致因理论在事故致因描述和分析中更为全面、合理，由单一致因链向多条致因链相互融合成为发展方向。图11-1是古典到近现代主要事故致因理论发展过程。

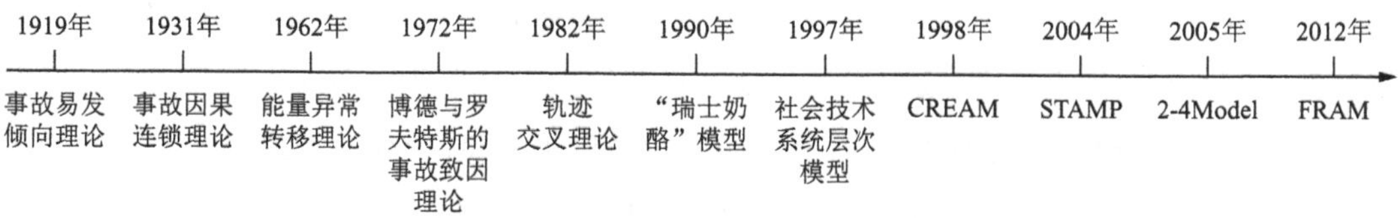

图11-1 古典到近现代主要事故致因理论发展过程

从事故发生的路径来分析，事故易发倾向理论、事故因果连锁理论、能量异常转移理论、博德与罗夫特斯的事故致因理论、轨迹交叉模型、“瑞士奶酪”模型、社会技术系统层次模型、CREAM、STAMP、2-4Model以及FRAM中有简单链式、复杂链式和系统网状等路径模式，各种模型发生路径比较见表11-1。

事故发生路径比较 表11-1

事故致因理论	简单链式	复杂链式	系统网状
事故易发倾向理论	是	否	否
事故因果连锁理论	是	否	否
能量异常转移理论	是	否	否
博德与罗夫特斯的事故致因理论	是	否	否
轨迹交叉模型	否	是	否
“瑞士奶酪”模型	是	否	否
社会技术系统层次模型	否	否	是
CREAM	否	否	是
STAMP	否	否	是
2-4Model	否	否	是
FRAM	否	否	是

1 水运工程施工安全事故致因分析

水运工程施工实行的是项目部管理。水运工程施工企业承接施工项目后，抽调技术、管理和辅助人员组建项目部。项目部具体负责对施工安全、施工技术、施工进度、施工材料、施工船舶和机械设备等方面进行统一管理。施工企业作为项目部上级单位，主要负责统筹公司级施工资源调配、施工技术及施工安全的监督和指导，主要体现在对项目安全管理体系的影响。近代事故致因理论认为，安全事故根源为组织的"管理"缺陷，根本原因是组织的安全管理体系和安全文化。结合水运工程施工项目组织方式及安全特点，可以得出影响水运工程施工安全的三个层面致因关系，分别是：企业层面、项目层面和作业环境层面。

1.1 企业层面致因关系

施工企业不负责具体的施工现场管理，主要通过组织行为对项目进行指导、监督及影响。企业组织行为主要包括安全理念和管理体系。企业安全理念包括企业的安全文化、安全方针、安全使命、安全原则、安全愿景和安全目标等内容。企业安全理念是公司领导层安全知识、安全意识和安全习惯的体现，会对公司安全管理体系、项目安全理念产生直接的影响和作用。水运工程施工企业如果有正确的安全理念，安全管理体系就科学、严谨、合理，对水运工程施工企业安全管理体系和项目安全理念指导性就强。反之，项目层级的安全管理体系就会存在缺陷。企业层面对项目层面的致因关系见图 11-2。

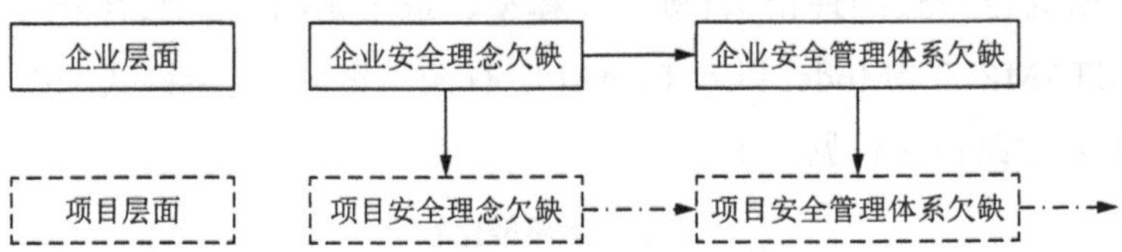

图 11-2 企业层面致因关系

1.2 项目层面

从项目组织层面分析，日常的施工组织、现场作业和现场管理均由项目部完成。项目部是水运工程施工作业的主体，也是安全事故发生最直接的单位。项目层面的事故致因分为组织行为和个人行为两个阶段。项目组织行为主要包括项目部安全理念和安全管理体系。项目部安全理念是项目部管理层安全知识、安全意识和安全习惯的体现，会对项目部的安全管理体系产生直接影响。

项目部的安全管理体系对项目管理和作业人员最直接影响主要有3个方面：①项目部安全管理体系如果科学、严谨、合理，就会选聘心理和生理状态合适的员工到合适的工作岗位，且能及时发现某些岗位心理和生理状态不适合胜任的员工，并作出妥善的调整，以防止事故的发生。②对员工的安全培训、教育到位，员工对岗位应知应会的安全知识掌握充分，则安全意识高、安全习惯好，其行为（包括指挥、操作和监控行为）就会更安全。反之，安全管理体系如果存在缺陷，则员工的安全知识不足、安全意识不强、安全习惯不佳，这就会导致员工不安全行为，最终会发生事故。③项目部安全管理体系中的采购、维护保养、防护措施、施工场地条件等相关制度完善，且项目部执行到位，就不会发生事故。反之，与人的不安全行为发生交叉，易发生事故。另外，员工的安全知识不足、安全意识不强、安全习惯不佳也会直接影响到材料和设备设施采购、维护保养、防护措施、施工场地条件等方面存在缺陷。如项目部采购员安全意识不强，责任意识不足，就会采购不合格的模板或脚手架等，导致坍塌事故的发生。项目层面致因链见图11-3。

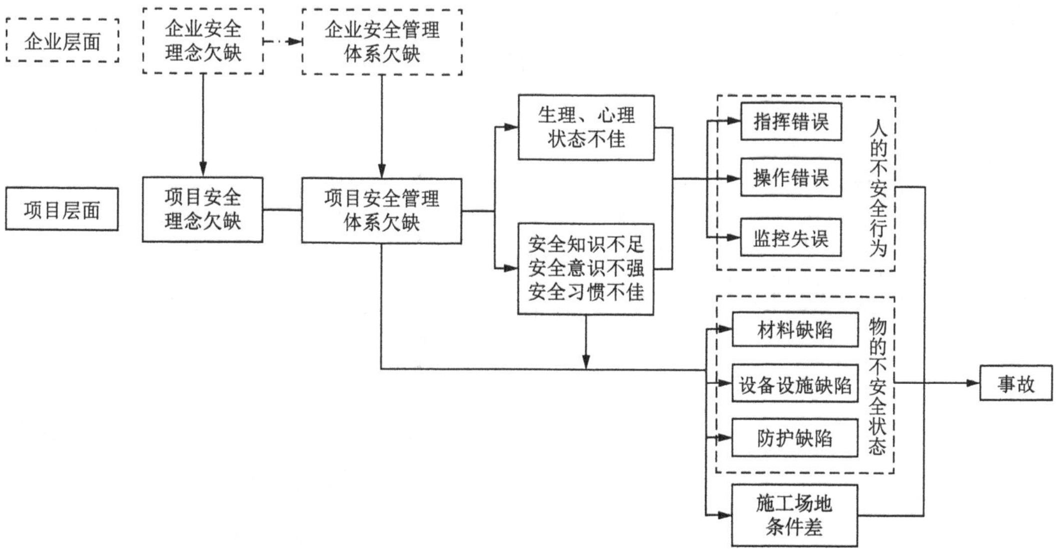

图11-3　项目层面致因链

1.3 作业环境层面

水运工程施工具有水上作业的特征，水上施工作业受水文（潮流、波浪、水位）、气象（风、雨、雪、高温、低温）和地质（土质、地层）等自然条件的直接影响。如沉箱在大风大浪的时候浮运，容易发生倾覆事故；沉桩遇到软土层较厚地质条件时，易发生溜桩事故，如果控制措施不到位，易发生安全事故；地质条件较差时，锤击沉桩也会影响岸坡的稳定性，如不及时观测和采取措施也会发生安全事故。作业环境致因链见图11-4。

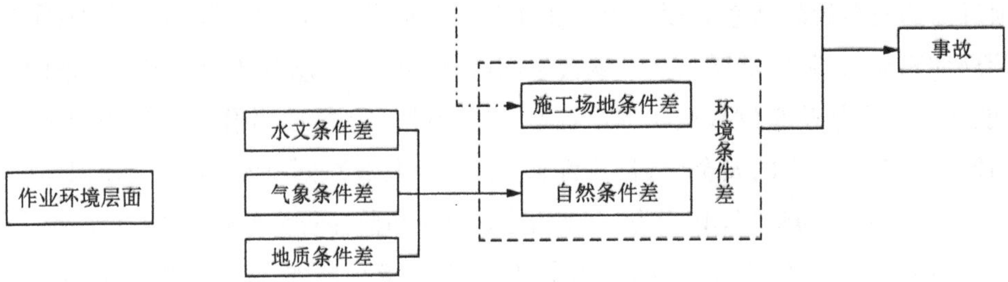

图 11-4　作业环境致因链

1.4 水运工程施工安全事故致险模型构建

结合上述分析，水运工程施工安全事故致险模型横向分为 3 个层面，即企业层面、项目层面、作业环境层面。模型纵向从致因过程分为 2 个阶段，即第 1 阶段组织行为、第 2 阶段个人行为。其中，自然条件作为项目所处环境单独存在。因此，水运工程施工安全事故致险模型称为“3-2-1”模型。“3-2-1”模型结构见图 11-5。

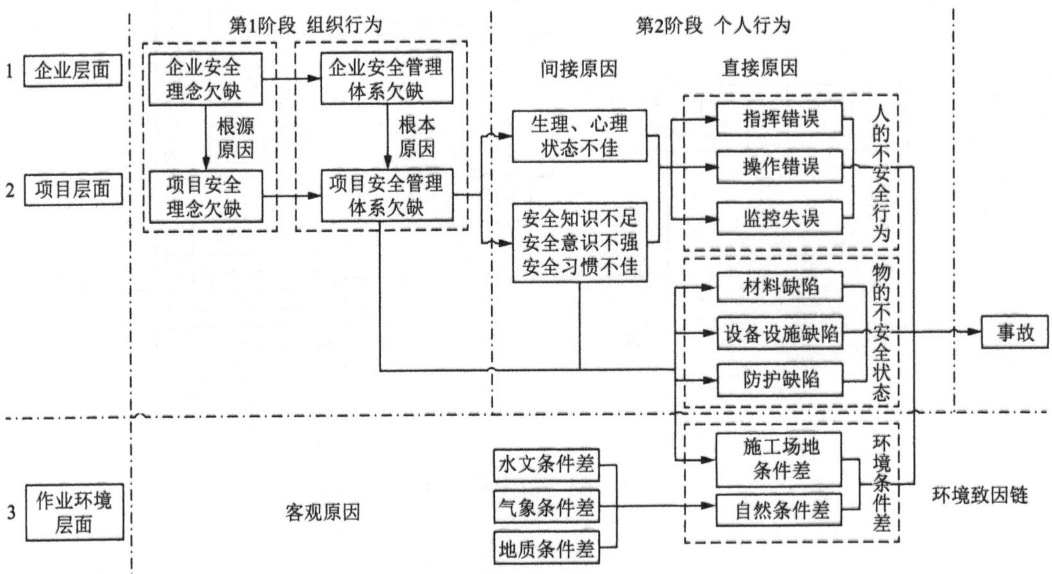

图 11-5 “3-2-1”模型结构

2 “3-2-1”模型特点阐述

“3-2-1”模型是专门用来分析水运工程施工安全事故致因机理的模型，也可供公路、铁路、建筑施工等行业借鉴参考。模型构建充分考虑了实际水运工程施工项目中企业—项目分级管理的特点。模型也考虑到水运工程施工现场管理与作业大多为水上、临水和近水作业特点，安全受水文、气象、地质等条件影响大，孕险环境复杂等状况，将环境致因链单独考虑。

2.1 “3-2-1”模型的评述

事故致因模型是事故致因机理的表达，针对“3-2-1”模型结构，评述如下：

（1）水运工程施工安全事故致因“3-2-1”模型是在“2-4”模型的基础上，考虑了水运工程施工分级管理、受自然条件影响大等特点。

（2）建立了事故的直接原因—间接原因—根本原因—根源原因之间的关系，为具体的水运工程施工项目找出安全“漏洞”提供了可能。

（3）本模型在分析水运工程施工安全事故时，采用逆推法对事故进行分析。首先分析直接原因（人的不安全行为、物的不安全状态、环境条件差），其次分析间接原因（生理、心理、安全知识、安全意识、安全习惯），然后分析根本原因（企业和项目安全管理体系），最后分析根源原因（企业和项目安全理念），为事故调查分析各种原因提供了理论支持。

（4）本模型不仅体现了行为安全科学的基本原理，即企业、项目部组织行为对人的不安全行为和物的不安全状态的影响，同时考虑了管理因素和外在环境因素对事故的影响。作为水运工程施工安全事故分析模型较以往模型和机理考虑因素更齐全，更有针对性。

（5）本模型可以对过去发生的事故进行规律研究，对现在发生的事故进行原因分析，对未发生的事故进行预防，因此本模型是结合了时间与空间的多维度事故的致因模型。“3-2-1”模型多维空间致因关系见图 11-6。

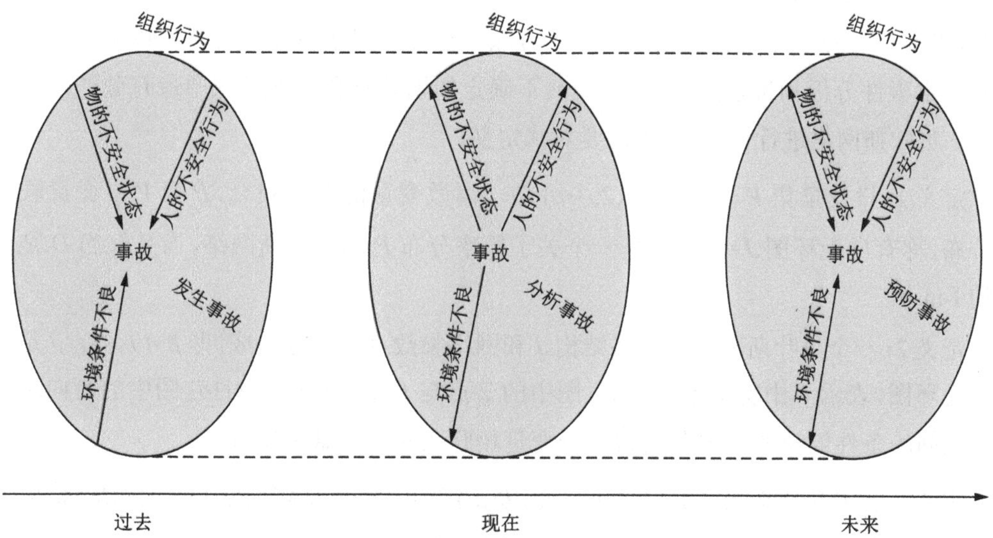

图 11-6 “3-2-1”模型多维空间致因关系

2.2 “3-2-1”模型的优点

水运工程施工安全事故致因“3-2-1”模型是安全科学在施工安全领域的推进和发展，本模型建立了施工安全事故的多维度分析方法，明确了事故分析的思路和路径，便于事故预防措施的制订和实施，其主要优点：

（1）充分借鉴和吸收古典、近现代事故致险机理的优点，首次建立了水运工程施工“3-2-1”事故致险机理，更贴合水运工程施工的实际情况。

（2）结合已建立的水运工程施工“3-2-1”事故致险机理，应用数理模型方法，首次提出致险指标定量计算方法，解决了古典、近现代事故致险机理只能定量分析，无法定量计算的难题。

（3）充分考虑各致因因素交叉耦合发生事故的“时空”，开创了事故过去—现在—未来的多维空间致因模型应用模式，为精准定位水运工程施工项目中存在的“漏洞”奠定了基础。

3 模型定量计算

针对复杂的水运工程施工系统，在应用“3-2-1”事故致险机理分析时，由于致险因素较多，需要对致险因素进行定量计算，对致因因素重要度进行排序，从而可以有重点地进行预防。“3-2-1”事故致险机理描述的各致因因素之间是因果关系，而贝叶斯网络恰好可以对因果关系进行表达和定量计算。贝叶斯网络也称为信念网络、概率网络，为描述变量之间概率关系，提供了一种自然的表示因果关系的方法。贝叶斯网络也是综合利用概率论和图论进行不确定事件分析和推理的工具，是目前不确定知识表示和推理领域中最有效的理论模型之一。贝叶斯网络进行计算，首先需要对其定义：

定义 1：设变量集 $V=\{x_i\}(i=1,2,\cdots n)$ 是一离散变量的有限集合，P 为 V 中变量联合概率分布，称有向无环图 $J=(V,E)$ 是一个关于概率分布 P 的贝叶斯网络，当且仅当 D 是一最小的 I-map。

定义 2：一个贝叶斯网络由网络结构 J 和网络参数 θ 两部分组成，即 $B=(J,\theta)$。J 是一个有向无环图，表示 V 中变量条件独立，图中的节点与 V 中变量一一对应，图中的有向边表达变量之间的条件依赖关系；θ 是与每一个变量相联系的条件概率分布。

定义 3：设 $A(x_i)$ 表示非 x_i 的后代节点子集，$B(x_i)$ 表示的直接双亲节点，则 $P\left[x_i/A(x_i),B(x_i)\right]=p\left[x_i/B(x_i)\right]$。给定一个随机变量集 $V=\{x_i\}(i=1,2,\cdots n)$，则贝叶斯网络就是 V 上的一个联合条

件概率分布，变量 $V=\{x_i\}(i=1,2,\cdots n)$ 的联合概率为 $p(x_i,\cdots,x_n)=\prod_{i=1}^{n}p(x_i/B(x_i))$。

根据上述定义表达的节点与其父节点的关联关系，可以推导出包含所有节点的联合概率分布函数。

如图 11-7 是一个简单的贝叶斯网络，包含所有节点的联合概率分布函数为：

$$p(x_1,x_2,x_3,x_4,x_5)=p(x_1)p\left(\frac{x_2}{x_1,x_3}\right)p\left(\frac{x_3}{x_1}\right)p\left(\frac{x_4}{x_2,x_3}\right)p\left(\frac{x_5}{x_1,x_3,x_4}\right)$$

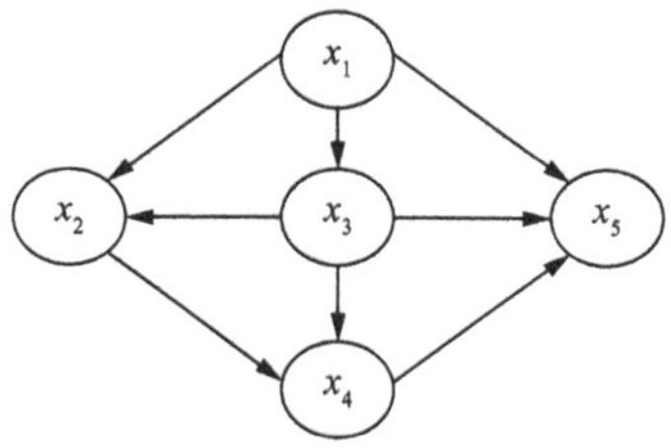

图 11-7 简单的贝叶斯网络模型

联合概率分布函数表达的是节点与节点之间的逻辑关系，是正反向推理及定量计算的主要依据。

4 实例分析

4.1 事故概况

2018 年 10 月 3 日 13 时 40 分左右，某公司承建的矿石码头工程在沉箱出运过程中发生倾覆事故，造成 7 人死亡，2 人失踪，直接经济损失 1450 万元。

事故经过：10 月 2 日 9 时 30 分左右，拖轮拖带浮船坞将第 20 个沉箱从某港区拖运至矿石码头施工海域。13 时 10 分左右，李某通过对讲机（68 频道）通知在起重船上起重指挥周某将起重船吊力提到 300 吨，周某接着通知指令起重船卷扬机操作工沈某将吊力提到 300 吨。李某指挥浮船坞下潜，当下潜到吃水 19.5m 时，要求起重船吊力提升到 320 吨并保持不变。李某继续指挥浮船坞下潜到吃水约 0.2m 时沉箱有浮动迹象。13 时 20 分左右时下潜到吃水约 20.6m 时停止下潜。在事故调查过程中，通过对起重船进行吊重试验发现，起重船力矩限制器显示吊重数据不稳定，误差较大，且大多数显示吊重数据大于实际吊力。13 时 20 分左右，李某与滕某确认干舷高度后，指挥起重船牵引沉箱缓慢从浮船坞出坞；13 时 36 分左右，李某指挥起重船后退至沉箱距离浮船坞大约 20m 时，李某通知起重船停止后退，拍摄沉箱出坞照片并上传至矿石码头工程项目部微信群，并通知滕某准备再次给沉箱加水。13 时 40 分左右，在准备再次给沉箱加水的时候，沉箱开始向起重船所在方向倾斜，连接钢丝绳的吊环断裂，沉箱迅速倾覆并完全沉没。潮流数值模拟方法模拟后表明，13 时 40 分前后时段，事故海域处于由涨潮流转为落潮流的转换期，流态紊乱、不稳定，流向由 10 分钟前的 100° N 左右较快地转为 30° N。

根据现场照片，计算出沉箱干舷高度为 14.7m、起重船吊力为 173.6 吨未达到 320 吨的要求，沉箱浮游稳定定倾高度 m=−0.966m，负值表明沉箱处于不稳定状态。物理模型试验表明，吊力不足时，即使在静水中，沉箱也不能保持平衡状态，只要有轻微干扰，沉箱就会倾斜。

4.2 事故原因分析

根据“3-2-1”事故致险机理，采用逆推法对已发生的该起事故进行分析，首先分析事故的直接原因，其次分析间接原因，然后分析根本原因，最后分析根源原因。

1）直接原因的分析

“3-2-1”事故致险中事故的直接原因包括人的不安全行为、物的不安全状态和环境条件差三方面。按照上述三方面分析如下：

人的不安全行为：①起重船力矩限制器显示不稳定，卷扬机操作工沈某继续操作，导致操作错误；②浮船坞下潜到吃水约 0.2m 时沉箱有浮动迹象，指挥人员李某继续指挥，存在指挥错误；③沉箱干舷高度未达到出坞高度，浮游稳定性不足，指挥人员李某指挥错误；④注水人员滕某未及时提醒李某，且操作错误；⑤施工安全技术负责人考虑潮流变化对沉箱沉放安全影响不够；⑥起重船上维护保养人员日常对设备设施维护保养不到位；⑦监理、企业安全检查人员安全巡视、检查工作不到位。

物的不安全状态：①起重船上力矩限制器存在问题，导致吊力不足；②沉箱出运过程中干舷高度不足；③沉箱储运过程中倾斜；④沉箱拉环断裂；⑤沉箱上作业人员防落水和救生防护措施存在缺陷。

环境条件差：施工海域处于由涨潮流转为落潮流的转换期，流态紊乱、不稳定，流向转换快。

2）间接原因的分析

事故间接原因导致了事故直接原因，根据事故直接原因分析，结合事故实地调查可以逆推得到事故直接原因：

安全知识：①卷扬机操作工沈某安全知识不足，起重船力矩限制器显示不稳定，应暂停作业对限制器显示进行检维修；②指挥人员李某未意识到沉箱干舷高度未达到出坞高度；③注水人员滕某安全知识不足，不能判断沉箱干舷高度未达到出坞高度；④施工安全技术负责人安全知识不足，未充分考虑潮流变化对沉箱沉放安全影响。

安全意识：①指挥人员李某在浮船坞下潜到吃水约0.2m时未意识到沉箱有浮动迹象存在安全隐患；②注水人员滕某安全意识不足，盲目加水；③起重船上维护保养人员日常安全意识不强；④安全检查人员安全意识不强。

3）根本原因的分析

事故根本原因包括企业层面安全管理体系缺陷和项目层面安全管理体系缺陷。事故根本原因导致了事故间接原因，根据事故间接原因分析，结合事故实地调查可以逆推得到事故根本原因：

安全管理体系：①企业和项目部安全生产责任制落实不到位；②项目部对风险较大的工程进行风险评估或危险分析相关制度执行不力；③企业和项目部安全监督管理工作存在缺陷；④项目对卷扬机操作工相关安全教育培训制度执行不力；⑤项目部对施工安全技术交底制度执行不力；⑥企业和项目部针对现场指挥人员相关安全教育培训制度执行不力；⑦项目针对注水人员相关安全教育培训制度执行不力；⑧项目维护保养人员未按照公司《船舶及设备维护保养须知》《微电脑力矩限制器用户手册》要求定期对力矩限制器进行维护保养；⑨企业和项目部对安全检查制度执行不力；⑩项目部未开展突发事件应急救援预案演练。

4）根源原因的分析

事故根源原因包括企业层面安全理念缺陷和项目层面安全理念缺陷。事故根源原因导致了事故根本原因，该事故反映了企业和项目部安全文化建设欠缺；安全意识薄弱，未很好执行安全方针；安全履职履责不到位，对国家安全法律、法规执行力度差；安全目标组织实施不力。

5）安全“漏洞”查找

漏洞一定可以定位在“3-2-1”致险模型的某个位置或者某个层面的链条的某个环节上。从上述分析中可以发现，人、物、环境均存在缺陷，因此可以逆向追踪其原因是多名作业人员安全知识、安全意识不强，进一步最终归结于安全管理体系的原因，即安全管理体系存在严重漏洞，这主要体现在企业和项目层面对安全管理体系文件执行不力。有的安全生产责任制、安全教育培训制度、设备设施维护保养制度、安全监督管理制度、安全技术交底文件、应急预案、安全手册等均已制订，但执行不力，在该案例中表现得尤为突出。但究其根源，是企业和项目管理层安全理念存在问题。

该案例由于致因因素有限，本文不再进行定量计算和重要度排序。

6）对同类型工程的指导

“3-2-1”模型作为多维空间致险模型，其维度主要表现在考虑了多个致因耦合因素，空间性在于应用过去—现在—未来的分析模式。根据“3-2-1”模型分析结果，对同类型工程指导意义如下：

（1）对于重力式码头沉箱浮运和沉放应作为危险性大的工程进行管理，作业时企业和项目部应高度重视，重点防控。

（2）企业和项目安全管理体系是关键。企业和项目应落实安全生产责任制；严格执行安全教育培训、设备设施维护保养、安全监督管理等制度；严格履行安全技术交底制度；按照要求及时开展突发事件应急预案演练；严格执行作业安全手册、安全操作规程。各类安全管理体系文件束之高阁起不到应有的作用，其关键在于执行，在该案例中表现得尤为突出。

5 结论

（1）在分析了古典、近现代致因机理的基础上，结合“2-4”模型，考虑了水运工程施工分级管理、受自然条件影响大等特点，提出了水运工程施工“3-2-1”事故致险机理。“3-2-1”模型采用逆推法从直接原因—间接原因—根本原因—根源原因的分析过程，揭示了水运工程施工事故发生的机理。

（2）“3-2-1”事故致险机理是多维空间致因模型。多维体现在考虑了人的不安全行为、物的不安全状态、环境条件差以及生理、心理、安全知识、安全意识、安全习惯等维度。空间性是考虑了各致因因素交叉耦合发生事故的“时空”，开启了过去—现在—未来的应用模式。

（3）“3-2-1”事故致险机理不仅可以精准定位水运工程施工项目中存在的“漏洞”，还可以针对复杂的、致险因素众多的水运工程施工系统进行定量计算。

（4）案例分析表明，重力式码头沉箱浮运和沉放施工应作为危险性大的工程进行重点管理。事故“漏洞”在于企业和项目安全管理体系缺陷，即对安全管理体系文件执行不力。根源在于企业和项目管理层均存在安全理念欠缺的问题。案例分析对同类型工程施工安全事故的预防具有较强指导意义。

参考文献

[1] 傅贵，陆柏，陈秀珍．基于行为科学的组织安全管理方案模型[J]．中国安全科学学报，2005，15（9）．

[2] 傅贵，张苏，董继业，等．行为安全的理论实质与效果讨论[J]．中国安全科学学报，2013，23（3）．

[3] 索晓．煤矿瓦斯爆炸事故致因分析方法与应用研究[D]．中国矿业大学（北京）博士研究生论文，2018.

[4] 祁丽霞，杨雪．煤矿生产事故致因机理辨析与仿真 [J]. 煤矿安全，2013，43（3）．

[5] 樊运晓，罗云．系统安全工程［M］. 北京：化学工业出版社，2009.

[6] 傅贵，杨春，殷文韬，董继业．行为安全“2-4”模型的扩充版 [J]. 煤炭学报，2014，39（6）.

[7] 辛汇文．铁路事故致因建模分析研究 [D]. 北京，北京交通大学，2016.

[8] 祝楷．古典、现代事故致因链在我国煤矿事故分析中的比较研究 [J]. 工业安全与环保，2016，42（3）.

[9] 王鹏程．基于事故致因理论的多因素集成控制研究 [D]. 武汉，华中科技大学，2012.

[10] 罗春红，谢贤平．事故致因理论的比较分析 [J]. 中国安全生产科学技术，2007，3（5）.

[11] 李万帮，肖东生．事故致因理论述评 [J]. 南华大学学报，2007，8（1）.

[12] 侯志强，刘敏燕，彭思义，等．水运工程施工重大危险源风险评价关键技术研究 [J]. 中国安全科学学报，2009，19（5）.

[13] 中华人民共和国国家标准．生产过程危险和有害因素分类与代码：GB 13861—2009［S］. 北京：中国标准出版社出版，2009.

航 道 篇

12 内河支流入汇对干流航道影响研究

摘要：为了研究内河支流入汇对干流航道的影响，从水力学理论研究和实测水文资料分析两方面进行研究。以牡丹江入汇松花江为例，利用实测资料对干支流交汇河段进行分析，为支流入汇对干流的影响提供了一些定量关系。并且从水力学伯努利方程出发，探讨了支流入汇对干流的影响，得出了在不同汇流比条件下干流水位变化规律。

关键词：内河；干流；支流；汇流；水位

0 引言

天然内河中存在着大量的干支流交汇点。支流入汇的洪汛期回水顶托对干流的水位、流速、泥沙与河道冲淤变化带来显著变化。同时水流发生紊动掺混，常形成河口滩，因此，交汇河口又是设计水工建筑物及航道整治的难点部位。本文以牡丹江入汇松花江实测基础数据资料为基础进行分析，进而对一般的支流入汇问题进行研究。

松花江作为我国内河水运主通道之一，具有发展内河航运的得天独厚有利条件。牡丹江的入汇对松花江中游流量、流速和河床演变带来很大影响。

1 汇流口实测水文资料分析

1.1 牡丹江河口水力特性

牡丹江长江屯水文站距汇流口大约27km，其间没有大的支流汇入。因此，可依据长江屯水文站实测水文资料(资料统计年限为1956—1996年),分析河口淤沙段的水流运动特性。

牡丹江是松花江水系最大的支流,其中上游是山区性河流,下游为过渡性河流;长江屯水文站集水面积为35510km²,其历年最大流量9670.00m³/s,最小流量5.04m³/s,流量变幅高达1918.65倍;年际水量分配也极不均匀,多年平均径流量77.19亿m³(1956—1959年、1961—1996年),历年最大径流量为139.30亿m³(1991年),历年最小径流量为28.68亿m³(1979年),丰枯年水量比为4.86,年际水量分配极不均匀;历年(1956—2003年)最高日平均水位为101.4 m(1964年8月22日),最低水位为91.49m(1999年9月21日),水位变幅为9.91m;流速也变化较大,枯水期为0.3～0.7m/s,中水期为0.8～1.2m/s,洪水期为1.3～1.7m/s,大洪峰时可达1.9～2.4m/s,是松花江流速的一倍。

历年的水位流量关系可以综合地反映河道的冲淤变化特征,长江屯水文站历年水位与流量关系见图12-1,可见长江屯水文站40年来水位与流量关系良好,水位与流量呈单一的曲线关系,表明河道没有大的冲淤变化。

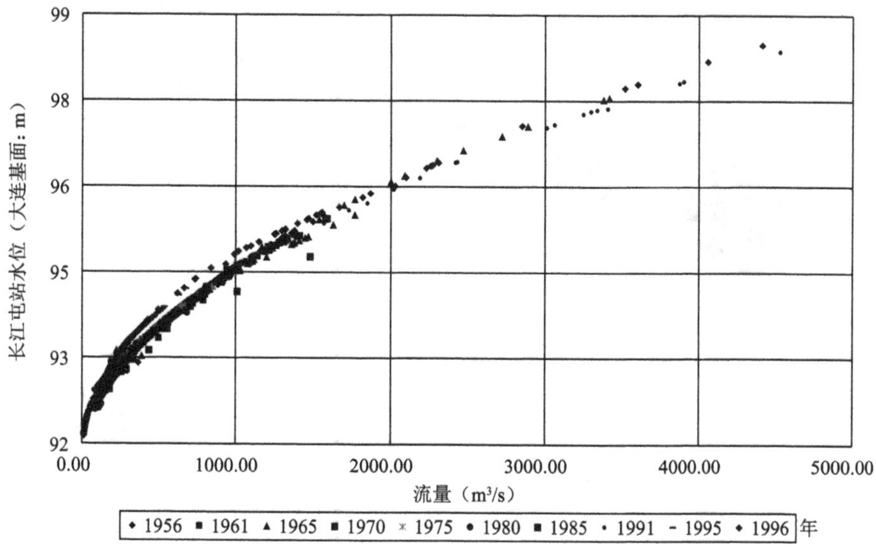

图12-1 长江屯水文站历年流量与水位关系图

1.2 松花江河口水力特性

松花江通河水文站距牡丹江入汇口约300km,期间无大支流入汇,其历年最大流量15800 m³/s,最小流量75.6m³/s,流量变幅高达208.99倍;年际水量分配也极不均匀,多年平均径流量479.66亿m³(1956—2001年),历年最大径流量为960.82亿m³(1960年),历年最小径流量为164.74亿m³(1979年),丰枯年水量比为5.83,年际水量分配极不均匀。历年最高日平均水位为106.14m（1998年8月25日），最低水位为99.43m（1993年5月31日），水位变幅为6.71m；多年日平均含沙量152.2g/m³（1957—2001年），最大年平均含沙量为331.93g/m³（1994年），最小年平均含沙量为30.25g/m³（1959年）；年际输沙量变化较大。产沙主要集中在汛期，枯水期输沙量仅占全年输沙量的较小部分。

松花江小古洞水文站位于入汇口松花江上游15km处，松花江的流量与小古洞水文站的水位流量关系见图12-2，可见松花江的流量与小古洞水文站的水位流量相关性较差，同一流量下小古洞水文站对应不同的水位，其水位变幅最大可达8.3m，这与一般顺直河道水位—流量关系呈单一曲线不同。同一松花江流量下小古洞水文站水位变化的原因，主要是因为小古洞水文水位与牡丹江汇流密切相关，牡丹江入汇水量的大小，在一定程度上决定了松花江小古洞水文水位的高低，因而小古洞水文水位与松花江来水量的关系就不是很密切了。

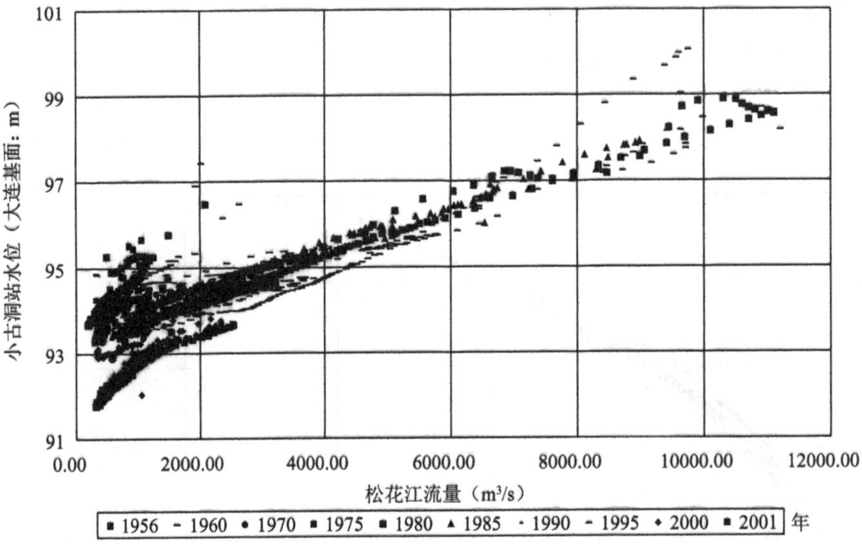

图12-2　小古洞水文站历年水位与流量关系图

1.3　牡丹江对松花江入汇口上游水位的影响

松花江同一流量下小古洞站的水位呈多值关系，其主要原因是牡丹江对松花江的壅水顶托影响。就小古洞站受牡丹江来水影响程度而言，经40多年水文资料（1956—2001年）表明，牡丹江洪峰先于松花江洪峰15～20天，而牡丹江洪水流量与松花江是同一量级甚至特殊水文年是松花江的几倍。年际当牡丹江为汛期，影响最大；当牡丹江为枯水时，影响相对较小。年内牡丹江对松花江的影响一般在5～10月。

不同牡丹江流量条件下，小古洞站水位与松花江流量之间的关系绘于图12-3，由图可见：

（1）牡丹江在同一流量条件下，松花江站流量与小古洞站水位呈线性关系，小古洞站水位随松花江的流量增加而增加。

（2）牡丹江在同一流量条件下，水位—流量关系曲线随着松花江流量的增大曲线斜率在减小，表明松花江流量越大，小古洞水位所受牡丹江支流入汇顶托壅水影响越小。

（3）水位—流量关系曲线在松花江某一流量的截距可以从数值上反映不同牡丹江的流量对松花江某一级流量的影响大小。

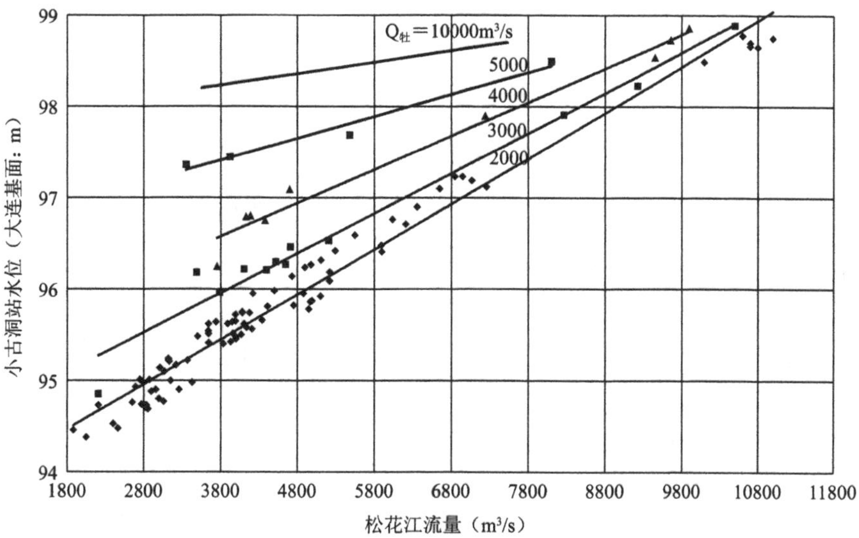

图 12-3 牡丹江不同流量情况下松花江小古洞站水位流量关系图

综上所述，支流入汇干流时，支流改变了干流河口淤沙段的水流运动特性，将不单决定于干流本身的来水条件，而且还要受支流壅水顶托的影响；即干流河口淤沙段的水位将不是来水与河床形态的单一函数，而是受支流流量及汇流比的影响，$Z=f(Q,R)$。

2 支流入汇口上游水位理论推导

2.1 方程理论推导

对支流入汇矩形河槽由断面 1、2 和 3 组成的控制体（图 12-4）由伯努利方程可得：

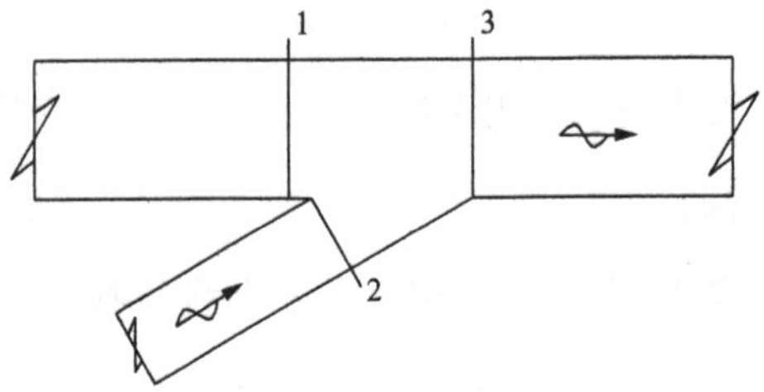

图 12-4　支流入汇口断面切割

$$Q_1\left(z_1'+\frac{p_1}{\gamma}+\frac{\alpha_1 v_1^2}{2g}-h_{w1}\right)+Q_2\left(z_2'+\frac{p_2}{\gamma}+\frac{\alpha_2 v_2^2}{2g}-h_{w2}\right)=Q_3\left(z_3'+\frac{p_3}{\gamma}+\frac{\alpha_3 v_3^2}{2g}\right) \tag{12-1}$$

式中：Q_1、z_1'、p_1、v_1——分别为断面 1 的流量、位置水头、压强和流速；

Q_2、z_2'、p_2、v_2——分别为断面 2 的流量、位置水头、压强和流速；

Q_3、z_3'、p_3、v_3——分别为断面 3 的流量、位置水头、压强和流速；

h_{w1}、h_{w2}——分别为 1—3 断面、2—3 断面水流水头损失。

对式（12-1）进行变换，引入入汇比 $R=\frac{Q_2}{Q_1}$ 得：

$$\left\{\left(z_1+h_1+\frac{\alpha_1 Q_1^2}{2gb_1^2h_1^2}\right)-\left[z_3+h_3+\frac{\alpha_3(Q_1+Q_2)^2}{2gb_3^2h_3^2}\right]-h_{w1}\right\}+R\left\{\left(z_2+h_2+\frac{\alpha_2 Q_2^2}{2gb_2^2h_2^2}\right)-\left[z_3+h_3+\frac{\alpha_3(Q_1+Q_2)^2}{2gb_3^2h_3^2}\right]-h_{w2}\right\}=0 \tag{12-2}$$

式中：z_1、h_1——分别为断面 1 的河底高程、水深；

z_2、h_2——分别为断面 2 的河底高程、水深；

z_3、h_3——分别为断面 3 的河底高程、水深。

断面 1 到断面 3 的局部阻力损失与 1、2、3 断面的过水面积和流量有关，干流的水头损失由式（12-3）确定：

$$h_{w1}=h_{j1}+h_{f1}=0.5\times\frac{v_3^2}{2g}\left(1-\frac{A_3}{A_1+A_2}\right)+\frac{3\nu Q_1 l}{gb_1}=0.5\times\frac{v_3^2}{2g}\left(1-\frac{b_3h_3}{b_1h_1+b_2h_2}\right)+\frac{3\nu Q_1 l}{gb_1} \tag{12-3}$$

（沿程水头损失也可采用曼宁公式改写式 $h_{f1}=Q^2l/K^2$ 来表达，K 为特性流量）

式中：A_1、A_2、A_3——分别为断面 1、2、3 的过水面积；

ν——运动黏度；

l——距入汇口长度。

由于距离较近，不考虑断面 2、3 间沿程水头损失，支流 2 断面到 3 断面的局部水头损失与入汇角、断面流速 v_2 等因素有关，其水头损失可由下式计算：

$$h_{w2}=h_{j2}=\frac{v_2^2}{2g}\left(\frac{A_2}{A_3}-1\right)^2=\frac{Q_2^2}{2gb_2^2}\left(\frac{b_2h_2}{b_3h_3}-1\right)^2 \tag{12-4}$$

将式(12-3)、式(12-4)代入式(12-2)整理后可得：

$$(1+R)h_1^4+\left\{z_1-\left[z_3+h_3+\frac{\alpha_3(Q_1+Q_2)^2}{2gb_3^2h_3^2}\right]-\frac{Q_3^2}{4gb_3^2h_3^2}+R\left[z_2-z_3-h_3-\frac{\alpha_3(Q_1+Q_2)^2}{2gb_3^2h_3^2}\right]-\frac{Q_2^2}{2gb_3^2h_3^2}\right\}h_1^3+\left[\frac{Q_3^2}{4gb_3h_3(b_1+b_2)}+\frac{Q_2^2}{gb_2b_3h_3}\right]h_1^2+\left(\frac{\alpha_1Q_1^2}{2gb_1^2}+R\frac{\alpha_2Q_2^2}{2gb_2^2}-\frac{Q_2^2}{2gb_2^2}\right)h_1+\frac{3vQ_1l}{gb_1}=0 \tag{12-5}$$

2.2 河道尺寸的确定

2.2.1 河宽 b 的确定

由曼宁公式 $v=\frac{1}{n}h^{\frac{2}{3}}J^{\frac{1}{2}}$、水流连续方程 $Q=bhv$ 以及断面河相关系 $\xi=\frac{\sqrt{b}}{h}$ 连解可得：

$$b=\left(\xi^{\frac{5}{3}}\frac{Qn}{j^{1/2}}\right)^{6/11}$$

2.2.2 支流、入汇口下游水深 h_2、h_3 的确定

根据试验结果，h_2 与 h_1 的关系可表达为：$h_2=\sqrt{\beta_1}h_1$。

β_1 可看作反映入汇处干、支流水深差异系数，通常可取 1。

另外，根据汇流段下游出口水流侧向收缩与堰坎存在时引起的水面垂直方向收缩类比，下游出口处 3 断面水深 h_3 与干、支流流量的关系可表达为：

$$h_3=\frac{\sqrt{\beta_2}Q_1^{2/3}(1+R)^{2/3}}{\sqrt{2g}B_3^{2/3}}$$

式中：β_2——反映 2 断面处流线收缩特征系数，实际结果表明该系数变化不明显，一般取为 7.18。

2.3 结果分析

对于式(12-5)，由于 b_1、b_2、b_3、h_2、h_3 均为已知量，所以给定 1 断面河底高程 z_1，即可以求解 h_1，也就可以建立上游水位 Z 与 Q_1、Q_2、R 之间的关系：$Z=f(Q、R)$。与天然实测资料分析结果相符。

式(12-5)可以采用 Newton 迭代法、二分法等方法求解，也可以利用 Matlab 符号方程求解工具对通式 $ax^4+bx^3+cx^2+dx+e=0$ 进行求解，但表达式较长。

由此我们可以在已知干流和支流流量的情况下确定航道入汇口上游任一断面的水位。式(12-5)考虑因素较多,为入汇口干流上游流量与水位多值对应关系提供了一种函数求解方法。

以上从理论上探讨了支流入汇干流的可能性,由于天然环境比较复杂,对于动能校正系数 α_1、α_2、α_3 取值可适当放宽。

2.4 与天然实测值进行对比

牡丹江是松花江水系最大的支流,由于牡丹江洪水期和松花江的时间不同,在牡丹江大流量情况下对入汇口上游松花江产生显著的顶托影响,使松花江入汇口上游段壅水,水面比降减小,泥沙大量淤积,形成著名的三姓浅滩。本文取用入汇口上游松花江小古洞水文站1985年实测流量资料与式(12-5)计算值进行对比,结果见表12-1。

理论计算水位值与实测值对照表 表12-1

时 间	计算水位(m)	实测水位(m)	误 差	时 间	计算水位(m)	实测水位(m)	误 差
7月10日	94.64	94.64	0	7月21日	94.90	94.92	-0.02
7月11日	94.66	94.63	0.03	7月22日	94.88	94.97	-0.09
7月12日	94.68	94.64	0.04	7月23日	94.90	94.99	-0.09
7月13日	94.68	94.65	0.03	7月24日	95.10	95.01	0.09
7月14日	94.67	94.64	0.03	7月25日	95.08	95.03	0.05
7月15日	94.67	94.64	0.03	7月26日	95.05	95.06	-0.01
7月16日	94.66	94.64	0.02	7月27日	95.07	95.07	0
7月17日	94.68	94.69	-0.01	7月28日	95.11	95.07	0.04
7月18日	94.74	94.76	-0.02	7月29日	95.07	95.09	-0.02
7月19日	94.82	94.84	-0.02	7月30日	95.05	95.09	-0.04
7月20日	94.90	94.88	0.02	7月31日	95.02	95.07	-0.05

从表12-1可以看出,计算值与实测值间最大误差绝对值为0.09,最小误差绝对值为0。

虽然支流入汇对干流上游水位的影响从理论上给出了一种预报方法,但实际天然航道环境比较复杂,要使理论解与实测资料完全符合还有许多困难,式(12-5)只是理论上的简化模式,还有很多不足之处,可以供同类型的河口地区进行参考;

(1)能量方程是建立在恒定流基础上的,天然河道有所差别。

(2)在计算沿程水头损失时,引入 $h_{f1}=\dfrac{3vQ_1l}{gb_1}$,适用条件是明渠均匀层流。若采用曼宁公式改写式 $h_f=Q^2l/K^2$ 来计算,特性流量 K 值中谢才系数采用曼宁公式来计算,反映的是紊流阻力平方区情况,与天然实际情况比较接近,但式(12-5)将更加烦琐。

(3)动能校正系数 α_1、α_2、α_3 的选用是个难点,在均匀流或渐变流中,一般选用1.05～1.1,鉴于实际情况比较复杂,可适当扩大其取值范围。

3 结语

(1)牡丹江多年平均径流量仅为松花江 16.09%，汇入松花江的水量相对较少，但由于牡丹江汛期和松花江汛期两者相差一个月，牡丹江洪峰流量与松花江在同一级，故牡丹江对松花江口淤沙段产生壅水顶托影响。

(2)支流入汇干流时，支流改变了干流河口段的边界条件，干流河口段的水流运动特性将不单决定于干流本身的来水条件，而且还要受支流壅水顶托的影响；即干流河口段的水位将不是来水与河床形态的单一函数，而是受支流流量及汇流比的影响，$z_1=f(Q、R)$。

(3)受牡丹江壅水顶托影响，水位壅高，比降变缓，流速沿程逐渐降低，泥沙沿程落淤。壅水顶托影响程度与松花江来水量成反比，与牡丹江顶托水位壅高值成正比。

参考文献

[1] 王义安 . 西部项目赤水河演分析 [J]. 天津：交通部天津水运工程科学研究所，2002.

[2] 王桂仙，陈稚聪 . 嘉陵江入汇对长江重庆河段影响分析 [J] . 泥沙研究，1987(4).

[3] 李家星，赵振兴 . 水力学(上册)[M]. 2 版 . 南京：河海大学出版社，2001.

[4] 倪晋仁，惠遇甲，张国生 . 嘉陵江入汇对重庆河段水力特征影响的水力分析 [J]. 泥沙研究，1991(2).

[5] 陈一梅，徐造林 . 水利枢纽下河段设计最低通航水位推算方法探讨 [J]. 东南大学学报(自然科学版)，2002，32(2).

[6] 李金合 . 大顶子山航运枢纽平面布置模型试验研究 [R]. 交通部天津水运科学研究所，2003.

[7] 王义安 . 汇流口河段干流对支流航道的影响研究 [J]. 水道港口，1997(2).

[8] 王义安 . 黑龙江对松花江河口段水位影响分析 [J]. 交通部天津水运工程科学研究所，1992.

[9] 王桂仙，陈稚聪 . 嘉陵江入汇对长江重庆河段影响分析 [J]. 泥沙研究，1987(4).

[10] 倪晋仁，惠遇甲，张国生 . 嘉陵江入汇对重庆河段水力特征影响的水力分析 [J]. 泥沙研究，1991(2).

13 基于神经网络的支流入汇对干流航道水位影响预测研究

摘要:为了掌握支流不同流量级入汇对干流的影响,利用神经网络处理非线性问题的优势,研究支流入汇对干流航道水位的影响。支流入汇对干流航道水位影响是一个非线性动力学过程,以牡丹江入汇松花江为例,借助神经网络处理非线性问题的优势,在天然实测水文资料分析的基础上,建立了预测河口地区航道的BP数学模型。运用实测水文资料对BP网络模型进行训练,并用训练好的模型对干流水位进行预测,计算结果表明:模型预测结果与实测值吻合良好,为研究支流入汇对干流影响提供了新方法。

关键词:神经网络;干流;支流;入汇;水位

0 引言

支流入汇对干流的水位、流速、泥沙运动与河床演变带来显著变化,同时水流发生紊动掺混,泥沙常常落淤形成河口滩,因此,交汇河口是设计水工建筑物及航道整治的难点部位,也是影响水运交通发展的关键部位。支流入汇,改变了干流的边界条件,干流上游水位与干流来水量不再是简单的单一函数关系,而与支流入汇流量也相关。

松花江是我国第三大江,作为我国内河水运主通道之一,具有发展内河航运的得天独厚有利条件。牡丹江的入汇对松花江中游流量、流速和河床演变带来很大影响。本文以牡丹江入汇松花江为例,来探讨支流入汇对干流的影响。

1 BP神经网络模型的非线性预测

BP(Back Propagation)神经网络具有处理复杂的非线性映射能力,是采用误差反传算法作为其学习算法的前馈型网络。网络模型由输入层（一层）、隐含层（一层或多层）和输出层（一层）组成，隐层中的神经元均采用 sigmoid 型变换函数，输出层的神经元采用纯线性变换函数。网络的学习过程由：信息正向传播—误差反向传播—记忆训练—学习收敛 4 个部分组成。在正向传播过程中，输入信息从输入层经隐含层逐层计算传向输出层，每一层神经元的状态只影响下一层神经元的状态。如果在输出层没有得到期望的输出，则计算输出层的误差值，然后反向传播，通过网络将误差信息沿原来的连接通路反传回来修改各层神经元的权值。随着信息的正向传递与误差的反向传播的反复进行，不断调整权值，使网络的实际输出逐渐向各自对应的期望输出逼近，直至达到期望目标。所以 BP 模型实质上是把一组样本的 I/O 问题变为一个非线性优化问题，使用了优化中最普遍的梯度下降法，用迭代运算求解权相应于学习记忆问题，加入隐含层节点使优化问题的可调参数增加，从而可得到更精确的解。下面给出基于神经网络的非线性组合模型的计算步骤：

（1）将输入输出数据归一化，采用随机函数随机选定权值与阈值初值：

（2）设给定 S 个样本 (x_k, y_k) $(k=1, 2, \cdots, s)$，任一节点 i 的输出为 O_i，对某一样本 k，其输入向量为 x_k（n 维），网络的输出向量为 y_k（m 维）。以第一层的第 j 个单元，当输入第 k 个样本时，节点 j 的输入值为：

$$I_{jk}^{l} = \sum_{i=1}^{n_1} w_{ji} O_{ik}^{l-1}$$

式中：k——样本序号；

l——网络层号；

i——对应于节点 j 的前一层的某一个节点（该层节点数为 n_1）；

O_{ik}——节点 i 的输出值；

w_{ji}——从节点 i 到节点 j 的连接权值。

节点 j 的输出值为：

$$O_{jk}^{l} = f(I_{jk}^{l})$$

式中：I_{jk}^{l}——节点 j 的输入信息；

$f(x)$——节点 j 的激活函数。

在反向传播时，定义网络的期望输出 y_k 与实际输出 y_k' 的误差平方和为目标函数：

$$E_K = \frac{1}{2}\sum_{k=1}^{m}(y_k - y_k')^2$$

总误差为：

$$E = \frac{1}{2S}\sum_{k=1}^{S} E_k$$

通过调整权值 w，使总误差 E 值极小。权值调整公式为：

$$w_{ji} = w_{ji} - \mu \frac{\partial E}{\partial w_{ji}} \quad \mu > 0$$

式中：μ——步长。

$$\frac{\partial E}{\partial w_{ji}} = \sum_{k=1}^{S} \frac{\partial E_k}{\partial w_{ji}}$$

如果达到精度要求或循环次数，则训练结束。否则，重新返回。

2 河口水文资料分析

松花江通河水文站距牡丹江入汇口约120km，期间无大支流入汇，历年的水位流量关系可以综合地反映河道的冲淤变化特征，通河水文站历年水位与流量关系见图13-1，可见通河水文站近50余年来水位与流量关系良好，河道没有大的冲淤变化。年际具有丰水年淤积、枯水年冲刷的特性，年内则表现为洪淤枯冲的特性。

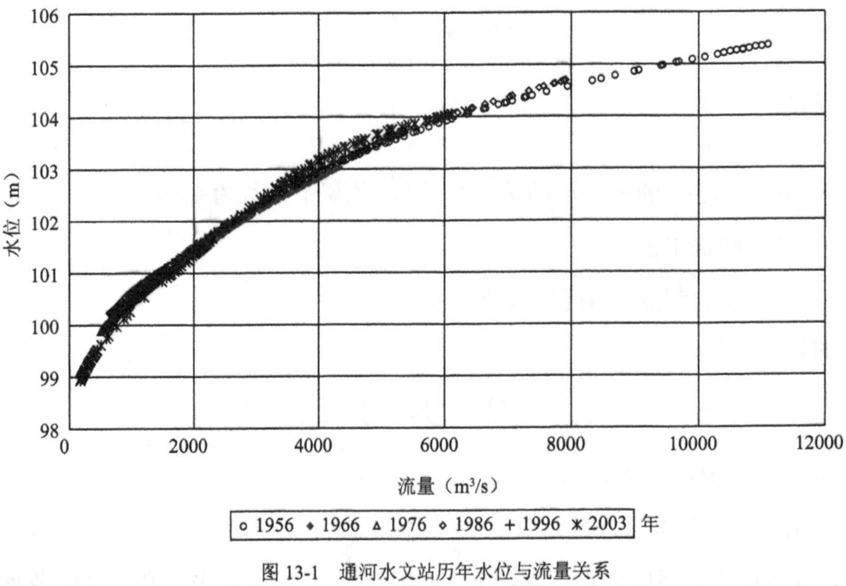

图13-1 通河水文站历年水位与流量关系

松花江小古洞水文站位于入汇口松花江上游15km处，松花江的流量与小古洞站的水位流量关系见图13-2，可见松花江的流量与小古洞水文站的水位流量相关性较差，同一流量下小古洞水文站对应不同的水位，其水位变幅最大可达8.3m，这与一般顺直河道水位—流量关系呈单一曲线不同。同一松花江流量下小古洞水文站水位变化的原因，主要是因为小古洞水文水位与牡丹江汇流密切相关，牡丹江入汇水量的大小，在一定程度上决定了松花江小古洞水文水位的高低，因而小古洞水文水位与松花江来水量的关系就不是很密切了。

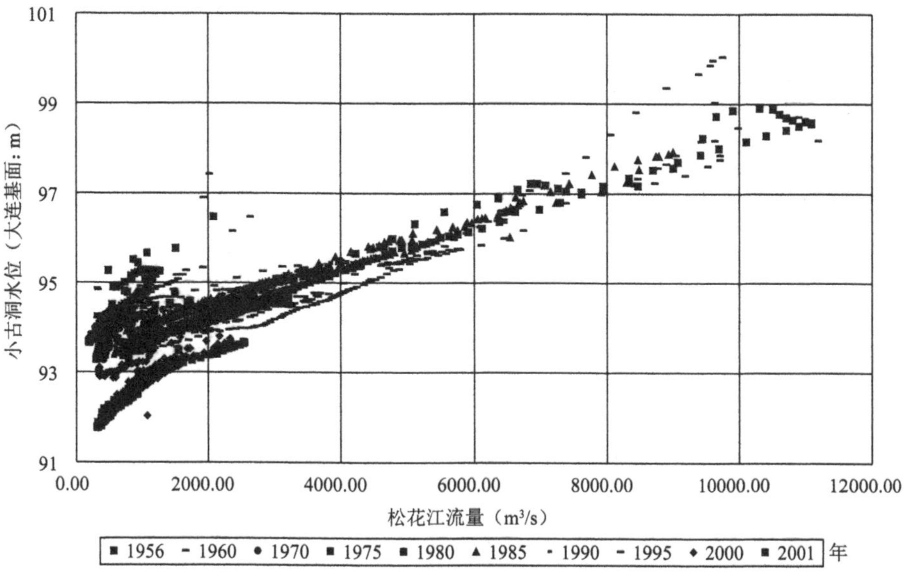

图 13-2　小古洞水文站历年水位与流量关系图

由以上分析可见，牡丹江入汇对小古洞水文站影响较大，对通河站基本没有影响，这主要是由于两站距离入汇口远近不同而异，支流对干流影响距离入汇口越近，影响越大；越远，影响越小。

3　BP 神经网络设计

3.1　影响因子分析和算法改进

支流入汇干流，干流水位变化是一个非线性水动力学过程。通过以上分析，干流（松花江）水位不仅仅与干流流量相关，而且受支流（牡丹江）入汇流量的影响，即干流水位 $Z = f(Q_{干}、Q_{支})$。

由于在实际应用中，BP 算法收敛速度较慢，因此，本文采用加入动量项的全局学习速率自适应法，即在每个加权调节量上加上一项正比例于前次加权变化量的值，带有动量项的加权调节公式为：

$$\Delta w(t+1) = -\eta \frac{\partial E}{\partial w} + \alpha \cdot \Delta w(t)$$

式中：η——学习过程的速率；

α——动量系数，一般取 0.9 左右。

使用此方法后发现其收敛速度明显加快。

3.2 模型参量选择

由于 1 个隐含层基本能够解决一般神经网络预测问题，本文模型采用一个隐含层，隐含层数并非唯一确定，一般通过试验来得到，从试验结果来看，隐含层节点数过少，网络可能无法收敛，节点数太多，又使学习时间过长，误差也不一定最佳。通过逐渐增加隐含层点数，改善网络与训练组匹配的精确度。

模型采用激活函数$f(x)=\dfrac{1}{1+e^{-x}}$，训练目标误差 0.10m。

本文采用松花江干流上游 700m 处实测水文资料 111 组，其中 101 组实测水文资料作为学习样本，对 BP 神经网络模型进行训练，10 组水文资料作为模型检验样本。经过多次试验，模型 $\eta=0.01$，$\alpha=0.9$，隐含层节点数为 20 时收敛较快，而且误差减小过程趋势比较稳定。在训练 24314 次时误差精度满足要求，模型结束训练。误差过程图见图 13-3。

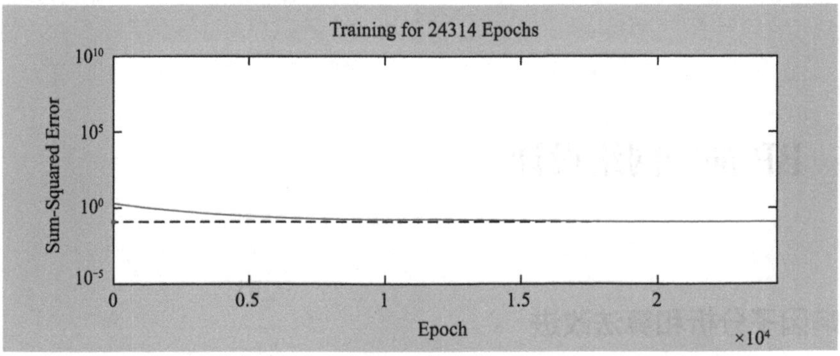

图 13-3　BP 模型训练误差过程图

3.3 与天然实测值进行对比

模型预测值与检验样本实测值对照表见表 13-1。

模型预测值与实测值比较　　表 13-1

$Q_{松}$(m³/s)	$Q_{牡}$(m³/s)	实测水位(m)	预测水位(m)	误差(m)
1974	0	91.58	91.51	0.07
4000	500	93.59	93.69	-0.10
500	1000	91.27	91.20	0.07

续上表

$Q_{松}$(m³/s)	$Q_{牡}$(m³/s)	实测水位(m)	预测水位(m)	误差(m)
2000	2000	93.29	93.38	-0.09
1000	3000	93.22	93.32	-0.10
3000	4000	95.24	95.25	-0.01
5000	6000	97.24	97.26	-0.02
6000	7000	98.11	98.10	0.01
7000	8000	98.89	98.86	0.03
8000	10000	99.70	99.76	-0.06

从表 13-1 可以看出，实测水位与模型预测水位的最大绝对误差是 0.10m，最小绝对误差为 0.01m，最大相对误差仅为 0.11%。该模型完全可以用来预测航道水位。

4 结语

正确掌握支流入汇对干流航道水位影响规律，对研究航道流态、水深变化以及上、下游枢纽调水等具有重要意义，BP 神经网络模型为研究这一问题提供了途径。

BP 神经网络作为一种输入输出的高度非线性映射，通过对作用函数的多次复合，实现了水位预测中输入与输出之间的高度非线性映射，具有以下的优点：

（1）不需要建立水动力学数学方程。

（2）具有自适应性和学习功能。

（3）模型预测精度比较高。

本文研究的 BP 网络模型，经过牡丹江对松花江干流水位影响预测验算，其结果与实测计算值吻合理想。实验表明，BP 神经网络模型预测入汇河口航道水位是可行的。

参考文献

[1] 韩梅，梁贞堂．关于松花江河源的再研究[J]．水利水电技术，2004，35(12).

[2] 侯志强，王义安，陈一梅．支流入汇对干流航道影响分析[J]．现代交通技术，2006，3(4).

[3] 胡伍生．神经网络算法理论及其工程应用[M]．南京：东南大学交通学院讲义，2003.

[4] 楼顺天，施阳．基于 MATLAB 的系统分析与设计[M]．西安：西安电子科技大学出版社，1998.

[5] 陈一梅，徐造林．水利枢纽下河段设计最低通航水位推算方法探讨[J]．东南大学学报(自然科学版)，2002，32(2).

[6] 王义安．西部项目赤水河演分析[R]．天津：交通部天津水运工程科学研究所，2002.

[7] 王桂仙，陈稚聪．嘉陵江入汇对长江重庆河段影响分析[J]．泥沙研究，1987(4).

[8] 赵惠媛，李颖．松花江干流洪水组合与遭遇初步分析[J]．东北水利水电，2005，23(252).

[9] 魏永霞，王丽学．工程水文学[M]．北京：中国水利水电出版社，2005.

[10] 王义安．汇流口河段干流对支流航道的影响研究[J]．水道港口，1997(2).

[11] 郭家林，景学义，张杰，等．松花江干流洪水预测和影响评估及对策建议[J]．自然灾害学报，2004，13(4).

[12] 张佃兵，张杰．多分汊型河道平面二维水流数值模拟[A]．第六届全国泥沙基本理论研究学术讨论会论文集[C].2005.

[13] 李家星，赵振兴．水力学(上册)[M]. 2版．南京：河海大学出版社，2001.

[14] 倪晋仁，惠遇甲，张国生．嘉陵江入汇对重庆河段水力特征影响的水力分析[J]．泥沙研究，1991(2).

14 内河枢纽工程研究进展

摘要:为了掌握国内外内河枢纽工程研究进展,为新建枢纽提供借鉴,分析了内河枢纽工程在平面布置、通航水力学方面的进展。通过分析内河枢纽工程共性问题,结合物理模型和数值模拟的发展与实践,综述了国内外内河枢纽工程在平面布置、通航水力学方面的研究成果,为枢纽规划、布置提供参考。

关键词:内河;航运;枢纽;水力学;布置

0 引言

内河水运是交通运输系统中的一个重要组成部分,目前,世界上凡是工农业生产较发达的国家,其内河水运也都是比较发达的。近年来,国务院和交通运输部非常重视内河水运的发展。2011 年国务院出台了《国务院关于加快长江等内河水运发展的意见》(国发〔2011〕2 号),提出要利用 10 年左右的时间,建成畅通、高效、平安、绿色的现代化内河水运体系。根据交通运输部发布的《全国内河航道与港口布局规划》,我国将在 2020 年前建成“两横一纵两网十八线”的高等级航道网。今后相当长一段时期内我国处于内河大建设、大开发时期。

内河航运建设开发,国内外一般采用干流上游和主要支流梯级渠化,建设枢纽工程;中、下游通过整治和疏浚方式,并逐步在各水系和各河流之间开挖运河连接形成航道网,提高航道等级,加大水运通过能力。

1 内河枢纽工程共性问题及研究方法

1.1 内河枢纽工程共性问题

在天然航道上修建枢纽，主要功能以航运为主，同时一般还要兼顾发电、水产养殖等综合利用功能，因此，枢纽常设置船闸、水电站和泄洪闸等通航建筑物。船闸的上下游引航道与河流（或运河）相连接的是口门区，它是过闸船舶（队）进出引航道的咽喉，它处在河流动水与引航道静水的交界处。由于位置的特殊性，口门区受枢纽中泄水建筑物和导航分水建筑物等边界条件的影响，上游口门河道断面变窄，下游口门河道断面放宽，因此，河道在收缩（对上游）和扩大（对下游）的情况下，水流弯曲变形，产生横向流速梯度，形成斜向水流。由于斜向水流的作用，产生回流和分离型小旋涡。斜向水流的横向流速分量和回流达到一定强度后，便成为阻碍船舶（队）进入引航道的不良流态，使航行船舶（队）产生横漂和扭转，严重时会出现失控，以致发生事故，影响通航，这就是一般枢纽普遍存在的共性问题。

目前在改善和优化船闸通航水流条件，国内外学者研究了多种改善措施，如调整导流堤头形式、堤身开孔、建浮式导流堤、导流墩等，上述措施可能针对某一具体工程才是适合的，因此在选择方案时要坚持因地制宜、因势利导的原则才能行之有效。

1.2 通航水力学研究方法

1）河道水流物理模型的发展与实践

物理模型试验就是仿照原体实物，按照相似的准则，缩制成模型，根据其所受的主要作用力，进行试验研究。而最先把方程分析法应用于河工模型试验的是苏联学者蔡克士大。1913 年德国水利科学家 H.Engels 在德国 Dresden 建立第一个大比尺河工模型试验。

在国内，南京水利科学研究院在 20 世纪 50 年代就曾引用于长江南京段动床模型的设计。20 世纪 70 年代广泛开展葛洲坝枢纽泥沙物理模型试验后，到目前对河工模型的设计及运行均已积累了极为丰富的经验，试验成果的可靠性也有了显著的提高。现在的研究工作主要集中在进一步完善河工模型的试验方法上，并根据原型观测资料，从理论与实践两个方面对河工物理模型进行总结和提高。目前，河工模型已经成为研究水力学工程中复杂水流和泥沙运动三维问题的重要手段之一。

2）水流数值模拟的发展

数值模拟是 20 世纪 70 年代末才兴起的先进模拟技术，它是以水动力学为理论基础，并结合具体工程的一门新型实用科学。

根据数值模拟得出的结论，往往还要经过物理模型试验的验证再付诸实施，以保证工程的安全。近几十年来，随着计算机的飞速发展和数值计算水平的提高，数值方程的求解精度越来越高。对于长河段、长系列的水文、泥沙及河床变形等过程的预报，数学模型具有独特的优势。同时数学模型没有缩尺效应以及具有很好的重复性，对很多内在物理过程的研究也十分重要。

2 内河枢纽工程布置研究成果

随着内河航电枢纽工程的建设，作为航运部门越来越重视通航建筑物的布置问题，做好枢纽平面布置是过坝设计船队（舶）安全通畅通过坝区的基本保证。

2.1 国外枢纽情况

国外发达国家内河枢纽建设得较早，目前许多国家已经形成了较为完善的内河航道网。美国密西西比河 2940km 河道，从明尼阿波利斯至圣路易斯 1087km 上游河段，在 20 世纪 30 年代就完成渠化，建成船闸 27 座。西欧莱茵河 1320km 干流，上游建船闸 30 座，主要支流内卡河和罗纳河分别建 27 座和 50 座船闸渠化航道。苏联以伏尔加河为主干，与支流卡马河、顿河、第聂伯河等通过枢纽形成 7400km 的深水航道网，可通航 2000T 以上货轮。

2.2 我国枢纽工程布置研究进展

与发达国家相比，我国内河航运开发相对滞后，新中国成立后虽然河流渠化有几十条，但大多选择支流小河，其中较大的主要有四川的渠江和广东的连江等。西部开发项目“十五”期间进行了大量的研究工作，主要有：

（1）以嘉陵江全江渠化为依托工程，主要研究了山区河流枢纽平面布置、通航水流条件及枢纽调度等问题。

（2）以汉江梯级开发和安康至旋涡航道整治为依托工程，主要研究了枢纽日调节对下游航道的影响。

（3）以右江那吉通航枢纽和下游航道整治为依托工程，主要研究了丘陵山区枢纽平面布置、通航水流条件及下游长河段航道整治等问题。

“十一五”期间，我国内河航电结合、梯级开发建设取得重大进展，主要表现在：

（1）实现了嘉陵江、湘江航电枢纽全线渠化。主要研究了分汊河段、急弯河段枢纽的布置；引航道口门区及连接段航道整治技术以及枢纽下游水库调节对枢纽泄洪调度影响等问题。

(2)启动了汉江、赣江航电枢纽工程。主要研究了平原河流航电枢纽的平面布置;枢纽泄流宽度优化等问题。

(3)结合南水北调中线工程实施,启动引江济汉通航工程建设,主要研究了工程进口段平面布置及上下游导航工程布置对通航条件影响等问题。

(4)实施了右江那吉、鱼梁、老口航电枢纽工程,主要研究了丘陵山区弯道河段枢纽平面布置、通航水流条件等问题。

(5)实施了松花江梯级开发建设工程,建设依兰航电枢纽,主要研究了平原冰冻地区枢纽布置以及支流入汇对干流上游枢纽影响等问题。

3 内河枢纽通航水流条件研究进展

内河枢纽通航水流条件与船舶驾驶、水力学、水工建筑等有密切联系,既影响枢纽的整体布置和总投资,又影响船闸的通过能力和船舶过闸安全畅通,是枢纽建设中的一个重要课题。

3.1 国外船闸通航水力学研究及成果

国外尤其发达西方国家对船闸通航水流条件研究较多。美国主要依靠船模航行试验判断水流情况是否影响航行。如俄亥俄河上的贝维利船闸下游引航道口门外纵向流速、横向流速及回流流速分别约达 2.28m/s、0.3m/s、0.5m/s,对船队进出口尚无影响。美国通过“水电站泄流对船闸下游引航道流场影响”的研究,提出了航行条件的临界允许值;当回流长度为任意值时,回流流速应小于 0.3m/s,当回流长度小于船舶长度的一半时,回流流速应小于 0.61m/s。《美国陆军工程兵团工程师手册》EM1110-2—1611,浅水航道规划设计中提到,经验表明:涡流超过 0.305m/s 是有害的,影响船舶(队)航行程度取决于涡流的强度和驾驶人员的经验。

德国联邦水工研究所十分重视水利枢纽的平面布置,进行了大量的口门布置型式试验,得出口门区的横向流速一般控制在 0.3m/s 左右。在“莱茵河伊赛次海姆水利枢纽船闸外港的模型试验”一文中,对允许的横向流速进行了严格的研究,除了给定条件的水流因素之外,还必须考虑到航道宽度、传动功率、操作灵活程度,以及船的航速等因素,在这些因素有利的情况下可允许横向流速超过 0.3m/s。

苏联对船闸通航水流条件做了具体的规定,而且几经修改,流速允许值也趋于提高。如 1980 年 1 月颁发的《挡土墙、船闸、过鱼及护鱼建筑物设计规范》较 1966 年的《船闸设计规范》的流速允许值略有提高,1980 年规范规定:超干线及干线航道上的船闸引航道与水库或河流的连接区段内的纵向流速不大于 2.5m/s，横向流速不大于 0.4m/s，引航道中纵向流速不大于 1.0m/s，横向流速不大于 0.25m/s。

3.2 我国船闸通航水力学研究及成果

我国船闸通航水流条件研究始于 20 世纪 50 年代京杭运河船闸建设时期。当时对京杭运河的船闸通航水流条件的规定为：船闸引航道入口处纵向流速不大于 2.0 ～ 2.5m/s，横向流速不大于 0.2 ～ 0.3m/s，回流流速不大于 0.4m/s，引航道轴线与水流流向的交角不大于 15° ～ 20°。实践表明，当横向流速大时，航行就困难，甚至发生事故，如江苏扬州邵伯船闸下游引航道口门外洪水期需要拖轮护航。

20 世纪 70 年代开始建设的长江葛洲坝船闸，对通航水流条件进行了实船、水工和船模试验，研究改善水流条件的措施，并规定：大、三江船闸上游引航道口门区的纵向流速不大于 2m/s，横向流速不大于 0.3m/s，回流流速不大于 0.4m/s；大江下游引航道口门区的纵向流速不大于 2.5 ～ 3.0m/s，横向流速不大于 0.3m/s。

20 世纪 80 年代在制定《船闸设计规范》时，对通航水流条件进行了全面系统的研究，包括实船试验、水工和船模系列试验、船模动水校核试验等。采用遥测技术观测了船队在不同水流状态下的航迹、航迹带、漂角、漂移、偏转等航态和相互关系，取得了较好的成果。特别是首次进行的船模动水校核试验，把我国通航水流条件研究向前推进了一步。在长江三峡水利枢纽船闸的论证中，采用整体水工模型结合遥控自航船模，系统地研究了各枢纽布置方案的通航水流条件，深化了通航水流条件的研究。同时采用水工模型和数学模型对中间渠道的不稳定流进行了研究，取得了一系列科研成果。

在我国 2012 年 1 月 1 日施行的《船闸总体设计规范》(JTJ 305—2001)中，在上述基础上，根据实践进行了修订。规范中的规定：引航道口门区水面最大流速限值见表 14-1。

船闸引航道口门区水面最大流速限值(m/s)　　表 14-1

船闸级别	平行航线的纵向流速	垂直航线的横向流速	回流流速
Ⅰ—Ⅳ	≤ 2.0	≤ 0.3	≤ 0.4
Ⅴ—Ⅶ	≤ 1.5	≤ 0.25	

4 小结

近年来，我国内河枢纽工程研究取得了丰硕的成果，研究的主要河流(河段)类型主要有山区河段、平原河段；顺直河段、弯道河段；分汊河段、支流入汇河段以及冰冻河流(段)。

解决的主要技术问题有：引航道口门区及连接段通航条件；枢纽泄流能力，枢纽调度影响等。随着内河枢纽工程研究手段的创新，以及计算机数值计算能力的提高，内河枢纽工程的设计和运营有了更为精准的参考依据，为建设畅通、高效、平安、绿色的现代化内河水运体系提供重要的技术支撑。

参考文献

[1] 赵连白，刘万利，张秀琴．葛洲坝大江船闸下游航道通航水流条件试验研究 [J]. 水道港口，2001，22（4）.

[2] 梁应辰．长江三峡、葛洲坝水利枢纽通航建筑物总体布置研究 [M]. 北京：人民交通出版社，2003.

[3] 朱红，郝品正．导流墩改善船闸引航道口门区水流条件试验研究 [J]. 水道港口，2005，26（2）.

[4] 周华兴，郑宝友．船闸引航道口门区通航水流条件改善措施 [J]. 水道港口，2002，23（2）.

[5] 姜干国，陈椿庭．水工模型试验 [M]. 2 版．北京：水利电力出版社．

[6] Yu Changzhao，Li Yuzhu，Zhou Xueyi and Zhou Bingliang.THE MODEL STUDY OF A SHALLOW COOLING POND[C]. 余常昭水力学论文选集．北京：科学出版社，2003.

[7] 毛健．中国与美国内河水运发展比较研究 [J]. 武汉理工大学学报（社会科学版），2005，18（5）.

[8] 章金罗．欧洲三大河流的内河运输 [J]. 中学地理教学参考，1999（4）.

[9] 周冠伦．航道工程手册 [M]. 北京：人民交通出版社，2004.

[10] 周华兴．船闸口门外连接段通航水流条件标准的初探 [J]. 水运工程，2004（4）.

15 内河河口建设航电枢纽预评价

摘要：在支流入汇河口地区建设航电枢纽既有一般枢纽普遍存在的共性问题，又有支流入汇对干流壅水顶托的影响，这种影响是一个非线性动力学过程。本文以某河段拟建航电枢纽为例，借助神经网络处理非线性问题的优势，利用实测水文资料作为学习样本，建立预测枢纽尾水位的BP数学模型。用该模型预测了枢纽三种调水方式下枢纽上、下游的水位落差，评价了枢纽建成后支流入汇对枢纽的出力、泄流能力和通航等安全方面的影响，为工程设计提供了依据。

关键词：汇流；航电枢纽；水位；神经网络；预测模型

1 前言

与发达国家相比，我国水资源综合开发利用率较低，水路运输发展相对落后。国外内河航运建设开发一般采用干流上游和主要支流梯级渠化来提高航道等级，加大水运通过能力。"十一五"期间，交通运输部将加大内河水运基础设施建设资金投入力度，积极推进湘江、嘉陵江、赣江、汉江等重要通航河流梯级开发进程，到2020年，总体实现水路交通现代化。

过去我国内河枢纽建设往往通航、发电、防洪三者不能兼顾，即所谓"兴一利而留一弊"。据交通部2002年统计，全国内河航道上有各类枢纽4134处，其中不具备通航功能的枢纽为1806处，占总量的43.7%。我国内河航道中存在着大量的干支流交汇河口，干支流交汇形成水道网，支流洪汛期入汇对干流的壅水顶托影响较大，使得河口干流上游水位、流速、泥沙与河道冲淤发生显著变化，因此，交汇河口是影响水运发展的关键部位又是设计航电枢纽的难点部位。

2 内河河口水文情况分析

在入汇河口干流的上游建设航电枢纽，枢纽的泄水能力不仅受干流的流量影响，而且支流入汇对干流上游的壅水顶托作用使干流流速降低、水面比降变缓，这也对枢纽建成后的泄流能力产生较大的影响。这种影响在支流洪水期尤其明显。因此，预测不同调水方式下枢纽尾水位，计算其与坝前水位的落差，对于分析枢纽的出力、泄流能力和通航条件有重要意义。

河流历年的水位流量关系可以综合地反映某一航道的特征，当无支流入汇且河床冲淤变化不大的情况下，顺直河道水位—流量关系（$H\sim Q$ 曲线）呈单一函数；在有支流入汇的干流上游水位—流量关系（$H\sim Q$ 曲线）呈多值对应函数，这主要是由于干流上游的水位与支流入汇密切相关，支流入汇水量的大小，在一定程度上决定了干流上游水位的高低，因而入汇口干流上游的水位与干流的流量和支流的入汇流量都密切相关。因此，即干流水位 $Z=f(Q_{干}、Q_{支})$。

3 预测模型结构与工作原理

3.1 基于 BP 网络的预测模型设计

本文预测枢纽尾水位的 BP 神经网络模型结构见图 15-1。BP（Back Propagation）神经网络具有处理复杂的非线性映射能力，是采用误差反传算法作为其学习算法的前馈型网络。网络模型由输入层（一层）、隐含层（一层或多层）和输出层（一层）组成，隐含层中的神经元均采用 sigmoid 型变换函数，输出层的神经元采用纯线形变换函数。BP 模型实质上是把一组样本的 I/O 问题变为一个非线性优化问题，使用了优化中最普遍的梯度下降法，用迭代运算求解权相应于学习记忆问题，加入隐含层节点使优化问题的可调参数增加，从而可得到更精确的解。

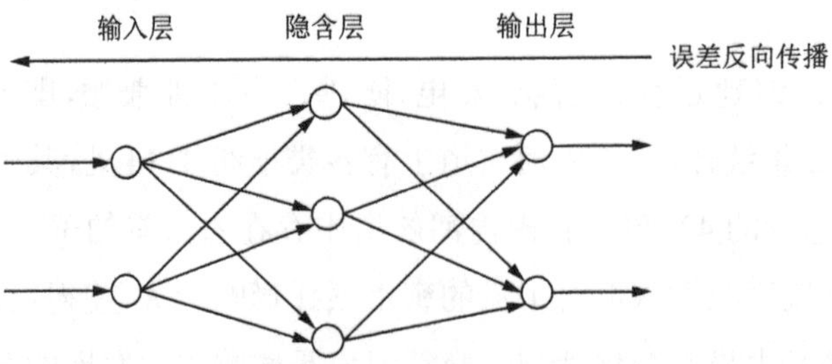

图 15-1 三层 BP 网络结构图

1）BP 神经网络基本原理

BP（Back Propagation）神经网络具有处理复杂的非线性映射能力，是采用误差反传算法作为其学习算法的前馈型网络。网络模型由输入层（一层）、隐含层（一层或多层）和输出层（一层）组成，隐层中的神经元均采用 sigmoid 型变换函数，输出层的神经元采用纯线性变换函数。网络的学习过程由：信息正向传播——误差反向传播——记忆训练——学习收敛 4 个部分组成。在正向传播过程中，输入信息从输入层经隐含层逐层计算传向输出层，每一层神经元的状态只影响下一层神经元的状态。如果在输出层没有得到期望的输出，则计算输出层的误差值，然后反向传播，通过网络将误差信息沿原来的连接通路反传回来修改各层神经元的权值。随着信息的正向传递与误差的反向传播的反复进行，不断调整权值，使网络的实际输出逐渐向各自对应的期望输出逼近，直至达到期望目标。所以 BP 模型实质上是把一组样本的 I/O 问题变为一个非线性优化问题，使用了优化中最普遍的梯度下降法，用迭代运算求解权相应于学习记忆问题，加入隐含层节点使优化问题的可调参数增加，从而可得到更精确的解。下面给出基于 ANN 的非线性组合模型的计算步骤：

①将输入输出数据归一化，采用随机函数随机选定权值与阈值初值：

②设给定 S 个样本（x_k，y_k）(k=1, 2, …, s)，任一节点 i 的输出为 O_i，对某一样本 k，其输入向量为 x_k（n 维），网络的输出向量为 y_k（m 维）。以第一层的第 j 个单元，当输入第 k 个样本时，节点 j 的输入值为：

$$I_{jk}^{l} = \sum_{i=1}^{n_1} w_{ji} O_{ik}^{l-1}$$

式中：k——样本序号；

l——网络层号；

i——对应于节点 j 的前一层的某一个节点（该层节点数为 n_1）；

O_{ik}——节点 i 的输出值；

W_{ji}——从节点 i 到节点 j 的连接权值。

节点 j 的输出值为：

$$O_{jk}^{l} = f\left(I_{jk}^{l}\right)$$

式中：I_{jk}^{l}——节点 j 的输入信息；

$f(x)$——节点 j 的激活函数。

在反向传播时，定义网络的期望输出 y_k 与实际输出 y_k' 的误差平方和为目标函数：

$$E_K = \frac{1}{2}\sum_{k=1}^{m}\left(y_k - y_k'\right)^2$$

总误差为：

$$E = \frac{1}{2S}\sum_{k=1}^{S} E_k$$

通过调整权值 w，使总误差 E 值极小。权值调整公式为：

$$w_{ji} = w_{ji} - \mu \frac{\partial E}{\partial w} \qquad \mu > 0$$

式中：μ——步长；

$$\frac{\partial E}{\partial w_{ji}} = \sum_{k=1}^{S} \frac{\partial E_k}{\partial w_{ji}}$$

如果达到精度要求或循环次数，则训练结束。否则，重新返回。

2）改进 BP 神经网络

由于在实际应用中，BP 算法收敛速度较慢，为提高收敛速度，采用加入动量项的全局学习速率自适应法，即在每个加权调节量上加上一项正比例于前次加权变化量的值，带有动量项的加权调节公式为：

$$\Delta w(t+1) = -\eta \frac{\partial E}{\partial w} + \alpha \cdot \Delta w(t) \qquad (15\text{-}1)$$

式中：η——学习过程的速率；

α——动量系数，取 0.9 左右。

本文以牡丹江入汇松花江为例对所建模型进行检验，拟建枢纽位于入汇河口松花江上游约 400m 处，所用资料为两江实测资料。由于干流（松花江）水位受支流（牡丹江）入汇流量的影响，即干流上游水位 $Z = f(Q_{干}、Q_{支})$。本模型输入因子是干流和支流流量，输出因子为枢纽尾水位。

3.2 样本的选取

样本是研究对象与网络模型的接口。正确选取训练样本是非常重要的一步，它包括样本特征选取及样本数目的确定。样本特征应能很好地反映这类问题的基本特征，不仅在训练区内有代表性，而且在预测区内有普适性。这要求两江流量和水位预测样本具有普遍性，又要考虑不同水文现象的影响。本文选取样本资料既有两江丰水期的水文数据，也有枯水期的水文数据，基本上涵盖了研究河段的各种水文情况，预测样本从水文条件的变化看既有代表性也有普适性。

样本数目的确定没有通用的方法，一般认为，样本过少可能使网络表达不够充分，样本过多可能出现样本的冗余，一方面增加了网络的训练负担，同时也有可能出现包含信息量过剩而使网络出现过拟合现象。用正交设计法选择前馈型神经网络训练样本，从其应用实践和数值模拟结果看，取四位级或五位级的正交表来选择样本集，可获得较好的模拟和预测效果。按照这一原则，在样本选取中注意了代表性、均衡性以及样本中水文现象变化的特点，该研究问题学习样本数定为 101 组，检验样本 10 组。

3.3 模型参量选择与验证

目前，网络拓扑结构设计还没有成熟的方法，多采用试错法。本模型采用激活函数 $f(x)=\frac{1}{1+e^{-x}}$，训练目标误差 0.15m。经过多次试验，模型 $\eta=0.01$，$\alpha=0.9$，隐含层节点数为 20 时对 BP 神经网络模型进行训练，训练 24314 次收敛，结束训练。误差过程图分别见图 15-2 和 BP 模型预测值与检验样本实测值对照表见表 15-1。

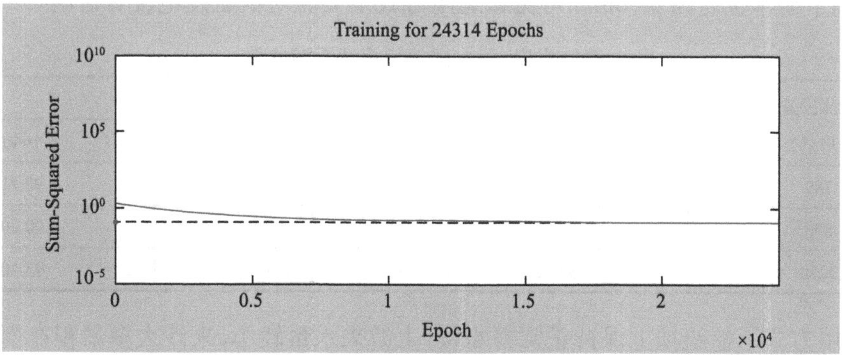

图 15-2 BP 模型训练误差过程图

BP 模型预测值与检验样本实测值对照表 表 15-1

$Q_{干}$(m³/s)	1974	4000	500	2000	1000	3000	5000	6000	7000	8000
$Q_{支}$(m³/s)	0	500	1000	2000	3000	4000	6000	7000	8000	10000
实测值(m)	91.58	93.59	91.27	93.29	93.22	95.24	97.24	98.11	98.89	99.7
预测值(m)	91.51	93.69	91.2	93.38	93.32	95.25	97.26	98.1	98.86	99.76
误差	0.07	−0.10	0.07	−0.09	−0.10	−0.01	−0.02	0.01	0.03	−0.06

从实测值和预测值对比可以看出该模型的计算精度：预测水位最大误差绝对值是 0.10m，最小误差绝对值为 0.01m，因此，该网络模型完全可以用来预测计算。

4 三种调水情况下支流入汇对枢纽影响分析

根据两江 48 年的天然实测水文资料统计，按照干流径流时间提出三种调水方式：①枢纽电站发电、泄水闸关闭情况（$Q_{干}\leqslant 2256\text{m}^3/\text{s}$）；②电站与泄水闸联合运用情况（$2256\text{m}^3/\text{s} < Q_{干}\leqslant 7500\text{m}^3/\text{s}$）；③电站停机、泄水闸泄洪情况（$Q_{干} > 7500\text{m}^3/\text{s}$）。

4.1 枢纽电站发电、泄水闸关闭情况

$Q_{干} \leqslant 2256m^3/s$采用此种运作方式，枢纽上游保持正常蓄水位99.0m，上游来水全部用于电站发电。该运用方式下干流多年平均流量为896m³/s，支流多年平均流量为157m³/s，多年平均汇流比为0.175；支流日平均最大流量为1640m³/s，遭遇干流最小流量为789m³/s，最大汇流比为2.08；干流日平均最大流量为2250m³/s，遭遇支流最小流量为128m³/s，最小汇流比为0.06。汇流比$R=Q_{支}/Q_{干}$。

利用训练好的BP神经网络模型，预测特征流量时枢纽的尾水位，见表15-2。由表可见，多年平均上下游水位差为8.43m，即使$Q_{干}=2250m^3/s$、$Q_{支}=1640m^3/s$，坝址处水位为93.30m，上下游水位差为5.70m。可见该运用方式下支流对枢纽发电没有影响。

电站发电、泄水闸关闭枢纽下游水位 表15-2

干流流量（m³/s）	支流流量（m³/s）		
	128	157	1640
789	90.40	90.44	92.11
896	90.53	90.57	92.20
2250	91.93	91.96	93.30

该运用方式下枢纽坝上保持正常蓄水位，上游来水量较小，来沙大多淤积在变动回水区河段，电站清水下泄。支流的入汇使枢纽下游水位壅高、水面比降减缓、水流流速降低，同时可能在河口地区形成较大范围回流，主流向一侧偏移，枢纽船闸口门区斜向水流流速大，可能会对船舶安全进出引航道带来不利影响。

4.2 电站与泄水闸联合运用情况

$2256m^3/s < Q_{干} \leqslant 7500m^3/s$采用此种运用方式，枢纽上游保持正常蓄水位99.0m，电站满负荷发电流量为2256m³/s，其余水量由泄水闸弃水。该运用方式下干流多年平均流量为3555m³/s，支流多年平均流量为543m³/s，多年平均汇流比为0.153；支流日平均最大流量为9670m³/s，遭遇干流流量为3210m³/s，最大汇流比为3.012；干流日平均最大流量为7500m³/s，遭遇支流流量为182m³/s，最小汇流比为0.024。

利用训练好的BP神经网络模型，预测特征流量时枢纽的尾水位，详见表15-3。由表可见，多年平均上、下游水位差为5.59m，遭遇支流洪峰后上、下游水位差1.0m左右，也将影响枢纽机组出力，当$Q_{干}=7500m^3/s$、$Q_{支}=9760m^3/s$时，下游水位为99.51m，因此，即使泄水闸闸门全部敞开，也壅高了枢纽坝上水位。可见该运用方式下支流对发电影响较大，尤其遭遇支流洪水枢纽上下游水位差仅1.0m左右，此种情况下将影响电站出力。

电站与泄水闸联合调度枢纽下游水位　　表 15-3

干流流量（m^3/s）	支流流量（m^3/s）		
	182	543	9760
3210	92.82	93.15	97.91
3555	93.10	93.41	98.04
7500	95.60	95.80	99.51

该运用方式下枢纽坝上保持正常蓄水位，上游来水量较大，推移质泥沙大多淤积在变动回水区下段，悬移质泥沙有可能达到坝前，并随枢纽弃水输向下游。支流入汇干流的斜流直冲对岸，汇流口下游回流范围增大，支流进一步压迫主流，船闸引航道内回流流速、口门区斜向水流流速也增大，可能造成连接段纵向水流流速较大，不利船舶安全航行。

4.3 电站停机、泄水闸泄洪情况

$Q_{支}>7500m^3/s$ 采用此种运用方式，电站停机来水全部通过泄水闸下泄。该运用方式下干流多年平均流量为 $9423m^3/s$，支流多年平均流量为 $1252m^3/s$，多年平均汇流比为 0.133；支流日平均最大流量为 $8190m^3/s$，遭遇干流流量为 $9750m^3/s$，最大汇流比为 0.84；最小汇流比 0.021 时，干流日平均流量为 $9200m^3/s$，遭遇支流流量为 $191m^3/s$。

利用训练好的 BP 神经网络模型，预测特征流量时坝址处水位，详见表 15-4。由表可见，该运用方式 $Q_{干}=9750m^3/s$、$Q_{支}=8190m^3/s$ 时坝下水位为 100.00m，$Q_{干}=9200m^3/s$、$Q_{支}=191m^3/s$ 时坝下水位为 96.45m，水位变幅为 3.55m。可见随支流入汇流量加大，枢纽坝址水位变幅均较大，将对枢纽泄流产生较大影响。

泄水闸敞泄枢纽下游水位变化　　表 15-4

干流流量（m^3/s）	支流流量（m^3/s）		
	191	1252	8190
9200	96.45	96.95	99.79
9423	96.55	97.04	99.88
9750	96.70	97.18	100.00

该运用方式下，泄水闸全部敞泄，淤积在库区的泥沙随洪水输向下游。枢纽坝址处支流入汇干流的斜流直冲对岸，在船闸下游引航道及口门区形成明显动静水分界线，并在汇流口下游形成更大范围回流，回流进一步压迫主流，引航道内回流流速、口门区斜向水流流速进一步增加，同时也会造成连接段纵向水流进一步流速加大，不利于船舶安全航行。同时要采取防洪和分洪的措施。

5 结语

（1）支流对干流航道水位的影响是一个非线性动力学过程：干流同级流量下，随着支流流量的增加，枢纽坝下水位不断壅高，枢纽水位落差也不断增大，可能最终影响到枢纽电站的出力和枢纽的泄流能力，需要采取防洪和分洪措施。BP 神经网络作为一种输入输出的高度非线性映射，通过对作用函数的多次复合，实现了水位预测中输入与输出之间的高度非线性映射。计算结果表明，神经网络模型预测精度能够达到水位预测的要求。

（2）随着干流和支流流量同时增加，船闸引航道内回流流速和口门区斜向流速进一步增加，船闸引航道和连接段的纵向水流可能会大于 2m/s，横向水流可能会大于 0.3m/s（Ⅰ—Ⅳ级船闸），此时不利于船舶安全航行，因此需要在船闸下游引航道口门区布置整治建筑物来改善通航条件。

参考文献

[1] 姚育胜 . 长江干流大坝建设应兼顾航运 [J]. 中国水运，2007（5）.

[2] 侯志强，王义安，陈一梅．支流入汇对干流航道影响分析［J］. 现代交通技术，2006（4）.

[3] 王义安 . 西部项目赤水河演分析报告 [R]. 天津：交通部天津水运工程科学研究所，2002.

[4] 倪晋仁，惠遇甲 . 嘉陵江入汇对重庆河段水力特征影响的水力分析［J］. 泥沙研究，1991（2）.

[5] 楼天顺，施阳 . 基于 MATLAB 的系统分析与设计 [M]. 西安：西安电子科技大学出版社，1998.

[6] 陈一梅，徐造林 . 基于神经网络的河道浅滩演变预测模型［J］. 水利学报，2002，33（8）.

[7] 周毅，徐柏龄 . 神经网络中的正交设计法研究 [J]. 南京大学学报，2001（1）.

[8] 交通部天津水运工程科学研究所 . 依兰航电枢纽平面布置模型试验研究报告 [R].2006.

[9] 交通部天津水运工程科学研究所 . 牡丹江对松花江影响分析报告 [R].2006.

[10] 中华人民共和国行业标准 . 船闸总体设计规范：JTJ 305—2001[S]. 北京：人民交通出版社，2001.

16 油品码头装卸风险评估技术研究与实践

摘要：为了辨识港航工程施工危险源，有效控制施工风险，提出了港航工程危险辨识的方法。根据港航行业施工的特点，按照国家和行业有关规定和标准，提出港航工程施工危险源辨识的依据和方法，为进一步制定适合政府监管的行业管理办法和适合施工企业管理的行业标准提供依据。

关键词：港航工程；危险源；辨识；施工

0 引言

1998 年以来，我国实施了积极的财政政策，基本建设投资增加，交通基本建设规模逐年加大。“十五”到“十三五”交通一直处于高速发展阶段，其中包括沿海、内河港口和航道基础设施的建设。在规模如此宏大的港航建设形势下，安全生产工作面临越来越大的压力。

2005 年 11 月 10 日，交通部召开专题部务会议，研究部署交通行业工程建设安全生产工作，会议指出要加强研究事故发生的基本规律，依靠科学技术研究，提高工程安全水平，淘汰落后工艺和设备，提高事故调查、应急救援能力。2006 年 1 月 15 日全国交通工作会议召开，李盛霖部长指出：中央把加强安全生产工作摆在更加突出的位置，要求坚决遏制住重特大事故频发的势头，这方面交通行业负有重要责任，也有许多艰苦细致的工作要做。

在港航建设领域，高边坡施工、边通航边作业、爆破作业、大型围堰沉井施工等环节，人员集中作业的情况很多，一旦发生坍塌、淹溺、爆炸、船舶倾覆等事故，往往容易群死群伤。

从以往事故原因分析可以发现：对不良作业环境认识不足、风险性较大工序安全方案不周、危险源控制不到位是导致重大事故的主要原因，可以说对危险源缺乏正确认识和有效的控制技术，是港航工程建设领域重大事故多发的一个重要原因。

1 港航工程施工危险源辨识的特点

港航工程属于土木工程的范畴，港航工程所从事的工作内容和应用技术与土木工程其他类型工程基本上相同或相通，仅仅是它的服务对象着重于水运行业。然而由于港航工程水上施工的特点，工程建设特点与其他行业也有所不同。

港航工程施工期通常较长，施工环境恶劣，而且大多属于野外作业和水上作业，受地形、地质、气候影响极大。水上、临水或近水施工时，常需要多工种交叉作业，施工船舶和大型起重机械较多，工作面狭窄，极易引发物体打击、车辆伤害、机械伤害、起重伤害、触电、淹溺等重大人身伤亡和财产损失事故。近年来，我国航运业发展迅速，港航工程基础建设突飞猛进。“十三五”期间，我国要把加快水运发展摆在更加重要的位置，港航交通基础设施正处于新一轮的建设高潮。在繁重的建设任务面前，港航工程施工安全工作面临的形势更加复杂，面临的任务也将更加艰巨。随着港航工程向大型化发展，向深水、远离岸线区域转移，专业化码头越来越多。改扩建码头工程和危险货物码头工程亦越来越多，内河航运枢纽工程比例逐步上升，工程难度和施工环境发生了质的变化，施工建设过程中的工程安全问题更显突出。

2 港航工程分类

港航工程由于工程功能、施工方法及施工类型的不同，分类的方法也不尽相同。主要有以下几种分类方法：

（1）根据工程功能的不同可分为航道整治、航道疏浚以及航运枢纽、过船建筑物和港口工程等。

（2）根据施工方法的不同可分为桩基工程、疏浚工程、地基处理工程、土石方开挖与填筑工程、导流与基坑排水、沉井与沉涵工程等。

（3）根据施工类型不同可分为工程的新建、扩建、改建、拆除、加固等阶段分类。

3 港航工程施工危险源辨识的意义

我国从20世纪80年代开始重视对重大危险源的辨识和分析，并初步在生产实际中加以应用。20世纪90年代我国经济发展较快，安全监管工作没有及时跟上，导致后期安全事故多发。2002年6月，国家颁布了《中华人民共和国安全生产法》，标志着我国安全生产正式纳入法制化管理轨道。近年来，安全生产法几经修订，交通建设安全监管职责也进一步明确，制定港航工程施工危险源辨识标准，规范施工危险源的工作已经迫在眉睫。施工危险源辨识的意义如下：

（1）危险源辨识是危险源控制的基础，只有辨识了危险源之后才能有的放矢地采取措施控制危险源。

（2）可以实现安全工作从被动防范向源头管理转变，掌握施工过程中控制事故发生的主动权，遏制和减少事故的发生。

（3）制定统一的行业危险源辨识标准，可以为企业服务，同时有利于政府的监管。

4 港航工程施工危险源定义

4.1 危险源与重大危险源定义

危险源是指一个系统中具有潜在能量和物质释放危险的、可造成人员伤害、财产损失或环境破坏的，在一定的触发因素作用下可转化为事故的部位、区域、场所、空间、岗位、设备及其位置。Willie Hammer 定义危险源为可能导致人员伤亡或物质损失事故的、潜在的不安全因素。导致事故的因素种类繁多，其实质是具有潜在危险的源点或部位、爆发事故的源头、能量和危险物质集中的核心、能量传出或爆发的地方。危险源由 3 个要素构成：潜在危险性、存在条件和触发因素。

国际劳工大会将重大危险源（major hazard in stallations）定义为：不论长期地或临时地加工、生产、处理、搬运、使用或储存数量超过临界量的一种或多种危险物质，或多类危险物质的设施（不包括核设施、军事设施以及设施现场以外的非管道的运输）。我国国家标准《重大危险源辨识》（GB 18218—2018）中将“危险化学品重大危险源”定义为长期地或临时地生产、储存、使用和经营危险化学品，且危险物质的数量等于或超过临界量的单元，该标准适用于生产、储存、使用和经营危险化学品的生产经营单位。

4.2 港航工程施工重大危险源定义

港航工程施工重大危险源区别于一般的危化品工业企业或组织的重大危险源。一个完整的港航建设项目都是由一个或多个单项工程组成的，单项工程由单位工程组成，单位工程又分为分部、分项工程，能详尽地辨识出分部、分项工程施工过程中存在的危险源，也就确保了对整个施工过程中危险源辨识的全面性。分项工程是由多个施工工序组成的。任何一个项目都可以分解为工序的组合，因此以施工过程各工序为危险源辨识的基本单元是可行的。故将港航工程施工重大危险源定义为：在港航工程施工过程中可造成较大人员伤害、财产损失或环境破坏的活动或工序。

5 港航工程施工危险源辨识的依据

目前，对于非化学品行业的重大危险源尚未提出明确的标准和定义。港航工程以及其他建筑工程施工均存在重大危险源，对港航工程施工存在的重大危险源辨识应依据《建设工程安全生产管理条例》（国务院令第393号）和《公路水运工程安全生产监督管理办法》（交通运输部令2017年第25号），需要编制施工专项方案，由专职安全生产管理人员进行现场监督危险性较大工程。在港航工程施工项目中，依据发生事故造成不良后果的严重程度来划分。根据2007年6月1日起实施的《生产安全事故报告和调查处理条例》（国务院令493号），按照生产安全事故（以下简称事故）造成的人员伤亡或者直接经济损失，将事故分为以下四级。

（1）特别重大事故：指造成30人以上死亡，或者100人以上重伤（包括急性工业中毒，下同），或者1亿元以上直接经济损失的事故。

（2）重大事故：指造成10人以上30人以下死亡，或者50人以上100人以下重伤，或者5000万元以上1亿元以下直接经济损失的事故。

（3）较大事故：指造成3人以上10人以下死亡，或者10人以上50人以下重伤，或者1000万元以上5000万元以下直接经济损失的事故。

（4）一般事故：指造成3人以下死亡，或者10人以下重伤，或者1000万元以下直接经济损失的事故。其中，“以上”包括本数，“以下”不包括本数。因此，在港航工程施工领域，将可能导致较大事故及较大以上事故发生的危险作业工序称之为重大危险源；可能发生的一般事故称为一般危险源。这样划分对于区分一般危险源和重大危险源，加强对重大危险源的管理以及对重大危险源实施分级管理都具有重大的意义。

6 危险源的辨识方法

许多系统安全评价方法都可用来进行危险源辨识。选用哪些方法要根据港航工程的施工性质、特点、进度的不同和施工人员的素质、经验来定。

6.1 两种常用的危险源辨识分析方法

(1)直观经验分析法：适用于有可供参考先例、有以往经验可以借鉴的建设项目；不能应用于没有可供参考先例的新开发系统。具体方法如下：

①对照、经验法：对照有关标准、法规、检查表或分析人员的观察分析能力，借助于经验和判断能力直观地对系统危险源进行辨识的方法；②类比方法：利用相同或相似工程系统或作业条件的经验和劳动安全卫生的统计资料来类推、分析对象的危险源。

(2)系统安全分析法：即应用系统安全工程评价方法进行危险源辨识。系统安全分析方法常用于复杂系统、没有事故经验的新开发系统。

常用的系统安全分析方法有事件树(ETA)、事故树(FTA)、作业条件危险性评价法(LEC)等。

港航工程施工危险源辨识应遵循以下原则：

①从人的不安全行为和物的不安全状态进行分析；②从可能导致中毒、物体打击和淹溺等危险物质和工序出发，进行分析。

6.2 施工危险源辨识的技术程序

对于危险源，要通过加强安全管理，及时排查和整改事故隐患以达到安全的目的，否则就容易转化为事故。因此，安全管理较好的施工项目发生的安全事故就比较少，安全管理较差的施工项目往往安全事故多发。港航工程危险源的管理，应制定施工危险源辨识程序，按照程序进行辨识和管理。

港航工程工序不同，所涉及的施工船舶和机械设备也千差万别，施工危险源也有差异。港航工程施工危险源辨识一般程序见图 16-1。

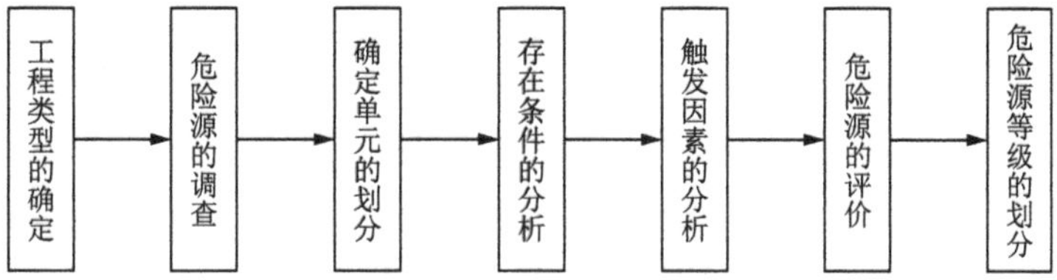

图 16-1 港航工程施工危险源辨识程序

7 结语

危险源辨识是港航工程施工事故预防工作的基础和有效手段。本文提出的关于制定港航施工危险源分类及辨识的依据和方法等，为进一步制定具体、详细的行业管理办法和标准提供了依据。

参考文献

[1] 刘铁民．安全生产管理知识 [M]. 北京：中国大百科全书出版社，2006.

[2] 罗云，樊运晓，马晓春．风险分析与安全评价 [M]. 北京：化学工业出版社，2004.

[3] Willie Hammer Dennis Price. 职业安全管理与工程 [M]. 北京：清华大学出版社，2003.

[4] 中华人民共和国交通部行业标准．港口工程质量检验评定标准：JTJ 221—98[S]. 北京：人民交通出版社，1998.

[5] 李前进．铁路工程施工危险源辨识、风险评价与风险控制研究 [D]．西安：西安建筑科技大学，2004.

[6] 中华人民共和国国务院．建设工程安全生产管理条例（国务院令第 393 号）[S].

[7] 中华人民共和国交通运输部．公路水运工程安全生产监督管理办法（交通运输部令 2017 年第 25 号）[S].

[8] 中华人民共和国国务院．生产安全事故报告和调查处理条例（国务院令 493 号）[S].

[9] 闪淳昌．建设项目（工程）劳动安全卫生预评价指南 [M]. 大连：大连海事大学出版社，1999.

17 港航工程施工重大危险源辨识研究

摘要：为了辨识港航工程施工危险源，有效控制施工风险，提出了港航工程重大危险源辨识方法。根据港航行业施工的特点，在危险源普查的基础上，利用德尔菲法收集危险源的基础数据，运用模糊综合评价法对危险源进行了定量计算并进行了排序，根据排序结果确定了港航工程施工重大危险源，为港航工程施工风险防控提供了依据。

关键词：港航工程；危险源；辨识；施工；评价

0 引言

港航工程施工期通常较长，施工环境恶劣，而且大多属于野外作业和水上作业，受地形、地质、气候影响极大。水上、临水或近水施工时，常需要多工种交叉作业，施工船舶和大型起重机械较多，工作面狭窄，极易引发物体打击、车辆伤害、机械伤害、起重伤害、触电、淹溺等重大人身伤亡和财产损失事故。近年来，我国航运业发展迅速，港航工程基础建设突飞猛进。"十四五"期间，我国要把加快水运发展摆在更加重要的位置，水运交通基础设施正处于新一轮的建设高潮。在繁重的建设任务面前，港航工程施工安全工作面临的形势更加复杂，面临的任务也将更加艰巨。随着港航工程向大型化发展，向深水、远离岸线区域转移，专业化码头越来越多。改扩建码头工程和危险货物码头工程亦越来越多，内河航运枢纽工程比例逐步上升，工程难度和施工环境发生了质的变化，施工建设过程中的工程安全问题更显突出。对港航工程施工重大危险源进行重点防控是施工安全管理重要手段。

1 港航工程施工重大危险源辨识方法

1.1 港航工程施工危险源辨识方法的选择

在实际工作中，我们很难细致地将危险源区分到一个单项，综合评价是在定性和定量评价方法的基础上，综合考虑影响系统安全的所有危险源，从系统的整体出发，对系统各个方面的危险源所进行的综合危险性评价。随着现代科学的发展，基础学科不断完善，新的领域和学科不断涌现，为综合危险性评价提供了更适合、可靠的理论依据。有关学者针对建筑施工事故的非线性、复杂性已成功地应用神经网络、人工智能、突变理论等对其中的危险源危险性进行分析和评价，取得了较好的效果。模糊数学的发展，为模糊综合评价法提供了理论依据，可以更好地处理模糊评价和综合评价的问题。

由于系统危险性多具有模糊性。系统越复杂，人们有效对其进行精确化描述的能力也越低，在危险源的危险性研究中，对每个危险源把握得很准确是不可能的，而只对部分危险源危险性的精确度量也没有很大意义。模糊综合评价法是一种在广泛范围内应用的综合危险性评价方法，在系统危险性评价方面，模糊综合评价方法更适用于没有确定数据的情况。现代安全科学理论的研究成果认为，安全是系统运行过程的状态描述量，是和危险互为对偶的两个系统过程的状态量。系统的工作状态具有模糊性，系统危险性是系统工作状态的一个方面，它同样具有模糊性。因此，要准确、客观地描述系统的危险性十分困难，只能尽可能地使评价结果符合客观实际。因为影响系统危险性的危险源众多而复杂，其中许多危险源具有模糊性，所以在进行评价时，所获得的原始数据也具有模糊性。因此，港航工程危险源危险性可采用模糊评价方法进行评价。

在运用模糊评价方法建立系统危险性评价指标体系时，要充分考虑指标的模糊性，不能一味追求精确的定量指标而忽略定性指标。对系统危险性进行评价必须给出评价的结果，即系统的危险程度，同时还必须给出系统危险性评价标准，两者缺一不可。由于系统危险性与安全性互为对偶。传统的等级划分往往采用非此即彼的“一刀切”方法，过于绝对化，很难与实际情况相符合。由于系统危险性与安全性之间存在着亦此亦彼的过渡性质，亦即具有模糊性，所以由模糊数学原理可知，系统危险性是对安全性的隶属度，反之亦然。因此，系统危险程度的语言表达或评语应该充分考虑危险性或安全性的模糊性，其等级划分可采用习惯上的等级制。

1.2 港航工程施工作业活动危险源危险性辨识方法

本文对于系统危险性程度或状态的描述采用层次分析法，将系统危险性分为奇数 m 个等级，设评定因素论域为：$U=\{u_1,u_2,\cdots,u_i,\cdots,u_m\}$。系统危险性分成 c 个等级，则系统危险性程度的语言表达方式或评语论域为：$V=\{v_1,v_2,\cdots,v_j,\cdots,v_c\}$。它们之间具有一定的模糊关系：$v_j$ 通常是 u_i 上的论域上的一个模糊子集；该映射即为论域 U 中的元素，对模糊集 $\tilde{A}$ 的隶属函数，$\mu_{\tilde{A}}(u)$ 即为 u 对等级模糊集 $\tilde{A}$ 的隶属度。

本文采纳的隶属权重和模糊评价矩阵数值来源于德尔菲法。德尔菲法是由美国兰德公司的研究者提出来的一种预测方法。德尔菲法是通过向选定的专家邮寄背景材料和预测意见表，请这些专家背靠背地对需要预测的问题提出意见，并按规定时间将预测表返回；经过汇总归纳后，再分寄给各专家，专家也可索要补充背景资料，以便进一步修正预测。如此反复数次，直至专家们意见大致趋于一致时，即可依此结果作为预测结论。在数据采集中，为了尽可能使数据翔实，采用以下五步来完成。

第一步，根据预测工程的类型选择行业专家。选好专家是德尔菲法成功的基础。本课题选取的专家来源广泛，既有施工一线的工人、也有项目的管理人员，施工企业的安全管理部门和政府监管部门人员，专家具有典型的代表性，人数适当。

第二步，精心谋划，以调查表的形式将要预测的问题寄发给专家，并附以相应的资料。

第三步，各位专家根据自己的知识、经验以及所掌握的资料提出自己的观点，并以不记名的方式反馈回来。

第四步，将返回的第一轮意见进行分析、整理，归纳出若干代表性意见并列成表，然后将意见表再反馈给各位专家，请他们重新考虑后再次提出看法。

第五步，将各位专家修改后的意见收集上来，再分析、整理，归纳出新的意见表，然后再分发下去，让各位专家进行第二次修改……直至大多数专家的意见最终趋向一致。

现设某一子指标体系，其危险性评价指标有 m 个，它所构成的集合为：$U=\{u_1,u_2,\cdots,u_i,\cdots,u_m\}$。参与确定指标权重的有关专家有 q 组，其集合为：$P=\{p_1,p_2,\cdots,p_j,\cdots,p_q\}$，设第 k 组专家按照 AHP 的 1 ～ 9 级标度所给出的不确定性区间数判断矩阵为：$\tilde{A}^{(k)}=\tilde{a}_{ij}{}^{(k)}$，这样，由 q 个专家组分别给出不确定性区间数判断矩阵，然后采用求平均值的方法得到总的不确定性区间数判断矩阵，并最终求得权重区间数向量，最后通过一定的数学处理获得精确的权重向量。其最终目的在于保证系统的危险等级可以更精确地落在计算的范围之内。

1.3 港航工程危险源模糊评价模型

1）建立因素集

港航工程危险源评价的因素集设定为 $U=\{u_1,u_2,\cdots,u_i,\cdots,u_m\}$，其中 u_i 为准则层各因素。

本文中 u={各工艺工艺流程}。

2）建立评语集

设评语集为 $V=\{v_1,v_2,\cdots,v_j,\cdots,v_c\}$，其中 v_j 为评价结果。评语等级个数 n 通常在 4 ～ 9 之间。本文将事故分为以下五级，相应地选取 $n=5$，则 V={安全、有危险、较危险、很危险、特危险}。

3）建立权重集

为了反映各因素的重要程度，对各个因素 $u_i(i=1,2,\cdots,m)$ 赋予一定的加权系数 $a_i(i=1,2,\cdots,m)$，又将各加权系数组成的集合 $A=(a_1,a_2,\cdots,a_m)$ 称为权重集。其中 $a_i\in[0,1](i=1,2,\cdots,m)$，且应满足 $\sum_{i=1}^{m}a_i=1$。

4）建立模糊评价变换矩阵

通过对每一个因素的判断，给出每个因素的评语等级，这样就建立起了评价因素与评语等级之间的关系，即从 U 到 V 的模糊关系，可用模糊评价变化矩阵 R 来进行描述。

分别对 m 个因素进行单因素评价可得到一个总的评价矩阵：

$$R=\begin{bmatrix} r_{11} & r_{12} & \cdots & r_{1n} \\ r_{21} & r_{22} & \cdots & r_{2n} \\ \vdots & \vdots & \vdots & \vdots \\ r_{m1} & r_{m2} & \cdots & r_{mn} \end{bmatrix}$$

其中元素 r_{ij} 表示从第 i 个评价因素着眼，做出的第 j 级评语的可能程度。

5）建立一级多因素模糊综合评价模型

在得到模糊向量 A 和模糊关系矩阵 R 后，做如下模糊变换进行综合评价：

$$B=A\circ R=(b_1,b_2,\cdots,b_n)$$

式中，$\circ$ 表示模糊矩阵相乘；B 称为评价集 V 上的模糊综合评价集，$b_j(j=1,2,\cdots,n)$ 称为模糊综合评价指标。

2 实例分析

港航工程施工危险源包括港口、航道整治、航道疏浚、航运枢纽、过船建筑物等分部分项工程，以及进一步细分后的作业工序。港航工程各类型工程有很多相似或相同的工序，即使不同的工序也有很多施工工艺和方法相同或相近，因此港航工程施工危险源清单不能是各类型工程危险源辨识工序简单的叠加和罗列，需要对各类型工程辨识内容进行综合分析和归纳，进而得出港航工程施工危险源的辨识清单。

2.1 港航工程施工危险源清单

经过分析和归纳，港航工程施工危险源工序主要有基槽与岸坡工程、模板与临时工程、钢筋与钢结构工程、混凝土工程、桩基工程、预制构件与钢构件安装工程、抛填工程、基础工程、附属设施安装、工程改造与加固、船舶辅助作业 11 项。对每个节点进一步分解成子工序，共有 58 项，经过征求施工企业和专家的意见，这 58 项工序作为港航工程施工危险源，成为进一步辨识重大危险源的基础，参见表 17-1。

港航工程施工危险源清单　　表 17-1

工艺流程节点	序号	主要工序	港航工程主要类型
基槽与岸坡工程（S_1）	1	水下基槽开挖	港口工程、航道整治
	2	陆上基槽开挖	航运枢纽、过船建筑物
	3	岸坡开挖	港口工程、航运枢纽、过船建筑物
	4	炸礁作业	港口工程、航道疏浚、航运枢纽
	5	高边坡处理	港口工程、航运枢纽
	6	深基坑作业	航运枢纽、过船建筑物
模板与临时工程（S_2）	1	大型支架与临时便桥架设与拆除	港口工程、航运枢纽、过船建筑物
	2	大型模板安装与拆除	港口工程、航运枢纽、过船建筑物
	3	截流与围堰施工	航运枢纽、过船建筑物
钢筋与钢结构工程（S_3）	1	水下焊接	港口工程
	2	钢筋、钢板焊接	港口工程、航运枢纽、过船建筑物
	3	钢筋冷拉与钢丝冷拔	港口工程、航运枢纽、过船建筑物
	4	钢筋、钢板切割与弯曲	港口工程、航运枢纽、过船建筑物
	5	钢筋绑扎与装设	港口工程、航运枢纽、过船建筑物
	6	预应力钢筋张拉	港口工程、航运枢纽、过船建筑物
混凝土工程（S_4）	1	梁、板、靠件与混凝土块体预制	港口工程、航道整治、航运枢纽
	2	沉箱预制	港口工程
	3	构件现浇	港口工程、航道整治、航运枢纽、过船建筑物
	4	水下浇筑	港口工程、航道整治
桩基工程（S_5）	1	吊桩	港口工程
	2	沉桩	港口工程
	3	灌注桩施工平台与机架搭设	港口工程
	4	护筒施工	港口工程
	5	钻孔、清渣	港口工程
	6	钢筋笼吊装	港口工程
	7	水上夹桩	港口工程
	8	桩头处理	港口工程
	9	桩帽施工	港口工程

续上表

工艺流程节点	序号	主要工序	港航工程主要类型
预制构件与钢构件安装工程（S_6）	1	沉箱、扶壁和圆筒安装	港口工程
	2	梁、板和靠船构件安装	港口工程、航运枢纽、过船建筑物
	3	大型设备安装	港口工程、航运枢纽、过船建筑物
	4	护面块体安装	航道整治、航运枢纽、过船建筑物
	5	沉井安装	干船坞工程、航运枢纽、过船建筑物
	6	浮码头、趸船安装	港口工程
	7	水下安装	航道整治
抛填工程（S_7）	1	抛石棱体施工	港口工程、航运枢纽、过船建筑物
	2	基床夯实整平	港口工程、航道整治、航运枢纽、过船建筑物
	3	土石方回填	港口工程、航运枢纽、过船建筑物
	4	土工织物铺设	港口工程、航运枢纽、过船建筑物
基础工程（S_8）	1	竖向排水通道施工	港口工程
	2	强夯	港口工程
	3	摊铺	港口工程
	4	碾压	港口工程
	5	现浇混凝土	港口工程
	6	沥青材料面层施工	港口工程
	7	铺砌面层	港口工程
	8	管沟开挖	港口工程
	9	管道安装	港口工程
	10	井、墙砌筑	港口工程、航运枢纽、过船建筑物
附属设施安装（S_9）	1	轨道、系船柱安装	港口工程、航运枢纽、过船建筑物
	2	铁栏杆、爬梯安装	港口工程、航运枢纽、过船建筑物
	3	护舷、防冲板、水平撑安装	港口工程、航运枢纽、过船建筑物
	4	护轮坎施工	港口工程、航运枢纽
工程改造与加固（S_{10}）	1	拆除与爆破	港口工程、航运枢纽、过船建筑物
	2	工程加固	港口工程、航道整治、航运枢纽、过船建筑物
船舶辅助作业（S_{11}）	1	沉箱浮运	港口工程
	2	边通航边疏浚	港口工程、航道疏浚、航道整治
	3	预制构件及设备船舶运输	港口工程、航运枢纽、航道整治

2.2 权向量（A）的计算

根据APH方法，课题组调研了中交一、三、四航务工程局以及上海港务工程公司、山东港湾建设有限公司和长航重庆工程局等施工单位，请港航建设安全项目管理的专家给出比较判断矩阵，然后综合各位专家的结果，最终得出判断矩阵，并计算相应判断矩阵的最大特征值（λ_{max}）及其特征向量，参见表17-2～表17-12。

S_1-u 的判断矩阵　　表 17-2

C_k	u_1	u_2	u_3	u_4	u_5	u_6
u_1	1	2	1	1/2	1/2	1/2
u_2		1	1/2	1/3	1/3	1/3
u_3			1	1/2	1/2	1/2
u_4				1	1	1
u_5					1	1
u_6						1

$$\lambda_{max}=6.01$$

S_2-u 的判断矩阵　　表 17-3

C_k	u_7	u_8	u_9
u_7	1	1	1
u_8		1	1
u_9			1

$$\lambda_{max}=3.00$$

S_3-u 的判断矩阵　　表 17-4

C_k	u_{10}	u_{11}	u_{12}	u_{13}	u_{14}	u_{15}
u_{10}	1	9	3	3	9	2
u_{11}		1	1/3	1/3	1	1/5
u_{12}			1	1	3	1/2
u_{13}				1	3	1/2
u_{14}					1	1/5
u_{15}						1

$$\lambda_{max}=6.01$$

S_4-u 的判断矩阵　　表 17-5

C_k	u_{16}	u_{17}	u_{18}	U_{19}
u_{16}	1	1/9	1/5	1/7
u_{17}		1	2	1
u_{18}			1	1/2
				1

$$\lambda_{max}=4.01$$

S_5-u 的判断矩阵　　表 17-6

C_k	u_{20}	u_{21}	u_{22}	u_{23}	u_{24}	u_{25}	u_{26}	u_{27}	U_{28}
u_{19}	1	1	3	1	7	7	1	1	1
u_{20}		1	3	1	9	9	1	1	1
u_{21}			1	1/3	3	3	1/3	1/3	1/3
u_{22}				1	7	7	1	1	1
u_{23}					1	1	1/7	1/7	1/7
u_{24}						1	1/7	1/7	1/7
u_{25}							1	1	1

续上表

C_k	u_{20}	u_{21}	u_{22}	u_{23}	u_{24}	u_{25}	u_{26}	u_{27}	U_{28}
u_{26}								1	1
u_{27}									1

$$\lambda_{max}=9.02$$

S_6-u 的判断矩阵 表 17-7

C_k	u_{29}	u_{30}	u_{31}	u_{32}	u_{33}	u_{34}	U_{35}
u_{28}	1	2	1	9	2	1	1
u_{29}		1	1/2	7	1	1/2	1/2
u_{30}			1	9	2	1	1
u_{31}				1	1/7	1/9	1/9
u_{32}					1	1/2	1/2
u_{33}						1	1
u_{34}							1

$$\lambda_{max}=7.03$$

S_7-u 的判断矩阵 表 17-8

C_k	u_{36}	u_{37}	u_{38}	U_{39}
u_{35}	1	1/3	1	3
u_{36}		1	3	7
u_{37}			1	3
u_{38}				1

$$\lambda_{max}=4.01$$

S_8-u 的判断矩阵 表 17-9

C_k	u_{40}	u_{41}	u_{42}	u_{43}	u_{44}	u_{45}	u_{46}	u_{47}	u_{48}	U_{49}
u_{39}	1	1/3	3	2	1	1	3	1	1	3
u_{40}		1	9	5	3	3	9	3	3	9
u_{41}			1	1/2	1/3	1/3	1	1/3	1/3	1
u_{42}				1	1/2	1/2	2	1/2	1/2	2
u_{43}					1	1	3	1	1	3
u_{44}						1	3	1	1	3
u_{45}							1	1/3	1/3	1
u_{46}								1	1	3
u_{47}									1	3
u_{48}										1

$$\lambda_{max}=10.01$$

S_9-u 的判断矩阵 表 17-10

C_k	u_{50}	u_{51}	u_{52}	U_{53}
u_{49}	1	1/2	1/3	1/2
u_{50}		1	1/2	1

续上表

C_k	u_{50}	u_{51}	u_{52}	U_{53}
u_{51}			1	2
u_{52}				1

$$\lambda_{max}=4.01$$

S_{10}-u 的判断矩阵　　表 17-11

C_k	u_{54}	U_{55}
u_{53}	1	2
u_{54}		1

$$\lambda_{max}=2.00$$

S_{11}-u 的判断矩阵　　表 17-12

C_k	u_{56}	U_{57}	U_{58}
u_{55}	1	1	2
u_{56}		1	2
			1

$$\lambda_{max}=3.00$$

最大特征值 λ_{max} 所对应的特征向量，经归一化处理即可得到权向量 A_1、A_2、A_3、A_4、A_5、A_6、A_7、A_8、A_9、A_{10}、A_{11}。

2.3 模糊评价矩阵（R）的确定

本文采用德尔菲法请专家打分，然后对其结果进行统计得出 u_i 层上的每个因素对评语等级上每个等级的隶属度，得到模糊评价矩阵为：

$$R_1=\begin{bmatrix}0 & 0.7 & 0.2 & 0.1 & 0\\0.3 & 0.6 & 0.1 & 0 & 0\\0 & 0.4 & 0.4 & 0.2 & 0\\0 & 0.2 & 0.2 & 0.3 & 0.3\\0 & 0.1 & 0.4 & 0.3 & 0.2\\0 & 0 & 0.3 & 0.4 & 0.3\end{bmatrix}\quad R_2=\begin{bmatrix}0 & 0.2 & 0.3 & 0.4 & 0.1\\0 & 0.1 & 0.3 & 0.5 & 0.1\\0 & 0.1 & 0.2 & 0.4 & 0.3\end{bmatrix}$$

$$R_3=\begin{bmatrix}0 & 0.2 & 0.6 & 0.1 & 0.1\\0.4 & 0.5 & 0.1 & 0 & 0\\0 & 0.9 & 0.1 & 0 & 0\\0 & 0.9 & 0.1 & 0 & 0\\0.3 & 0.7 & 0 & 0 & 0\\0.1 & 0.6 & 0.3 & 0 & 0\end{bmatrix}\quad R_4=\begin{bmatrix}0.4 & 0.5 & 0.1 & 0 & 0\\0 & 0 & 0.2 & 0.5 & 0.3\\0.2 & 0.4 & 0.4 & 0 & 0\\0.2 & 0.2 & 0.3 & 0.2 & 0.1\\ & & & & \end{bmatrix}$$

$$R_5=\begin{bmatrix}0.2&0&0.3&0.1&0.8&0.8&0&0&0\\0.7&0.1&0.6&0.6&0.2&0.2&0.3&0.4&0.5\\0.1&0.3&0.1&0.2&0&0&0.5&0.5&0.3\\0&0.3&0&0.1&0&0&0.2&0.1&0.1\\0&0.3&0&0&0&0&0&0&0.1\end{bmatrix}^T$$

$$R_6=\begin{bmatrix}0&0.1&0.4&0.3&0.2\\0&0.3&0.5&0.2&0\\0&0.1&0.7&0.2&0\\0.9&0.1&0&0&0\\0&0.3&0.4&0.2&0.1\\0&0.2&0.4&0.2&0.2\\0&0.1&0.3&0.5&0.1\end{bmatrix}\quad R_7=\begin{bmatrix}0.8&0.2&0&0&0\\0.1&0.4&0.4&0.1&0\\0.6&0.4&0&0&0\\1&0&0&0&0\end{bmatrix}$$

$$R_8=\begin{bmatrix}0.8&0&0.9&0.9&0.8&0.9&1&0.5&0.7&0.8\\0.2&0.3&0.1&0.1&0.2&0.1&0&0.4&0.2&0.2\\0&0.3&0&0&0&0&0&0.1&0.1&0\\0&0.3&0&0&0&0&0&0&0&0\\0&0.1&0&0&0&0&0&0&0&0\end{bmatrix}^T$$

$$R_9=\begin{bmatrix}0.4&0.6&0&0&0\\0.5&0.5&0&0&0\\0.3&0.3&0.3&0.1&0\\0.5&0.3&0.2&0&0\end{bmatrix}\quad R_{10}=\begin{bmatrix}0&0.1&0.2&0.5&0.2\\0.1&0.2&0.3&0.4&0\end{bmatrix}$$

$$R_{11}=\begin{bmatrix}0&0&0.1&0.5&0.4\\0&0.1&0.2&0.3&0.4\\0&0.3&0.6&0.1&0\end{bmatrix}$$

2.4 港航工程工艺流程节点综合评价

计算准则层评价结果如下：

$B_1=A_1\circ R_1=[0.07\quad 0.2\quad 0.23\quad 0.23\quad 0.23]$

$B_2=A_2\circ R_2=[0\quad 0.2\quad 0.3\quad 0.33\quad 0.3]$

$B_3=A_3\circ R_3=[0.1\quad 0.24\quad 0.41\quad 0.10\quad 0.10]$

$B_4=A_4\circ R_4=[0.20\quad 0.20\quad 0.30\quad 0.39\quad 0.3]$

$B_5=A_5\circ R_5=[0.15\quad 0.15\quad 0.16\quad 0.16\quad 0.16]$

$B_6=A_6\circ R_6=[0.02\quad 0.19\quad 0.19\quad 0.19\quad 0.19]$

$B_7 = A_7 \circ R_7 = [0.19 \quad 0.40 \quad 0.40 \quad 0.10 \quad 0]$

$B_8 = A_8 \circ R_8 = [0.11 \quad 0.30 \quad 0.30 \quad 0.30 \quad 0.10]$

$B_9 = A_9 \circ R_9 = [0.30 \quad 0.30 \quad 0.30 \quad 0.1 \quad 0]$

$B_{10} = A_{10} \circ R_{10} = [0.10 \quad 0.20 \quad 0.30 \quad 0.50 \quad 0.20]$

$B_{11} = A_{11} \circ R_{11} = [0 \quad 0.20 \quad 0.20 \quad 0.40 \quad 0.40]$

按最大隶属度原则，特危险的流程节点共五项，主要有：基槽与岸坡工程、混凝土工程、桩基工程、预制构件与钢构件安装工程、船舶辅助作业；很危险的流程节点共三项，主要有：模板与临时工程、基础工程、工程改造与加固；较危险的流程节点有：钢筋与钢结构工程、抛填工程、附属设施安装。以上特危险和很危险的流程节点共八项，是港航工程施工流程中的重大危险节点。

2.5 港航工程施工作业工序定量评价

对模糊评价矩阵中的每个工序进一步单值化，即将评价向量转化为一个具体的数值，以便进行排序比较，本文采用重心赋值法，即将事故等级安全(v_1)、有危险(v_2)、较危险(v_3)、很危险(v_4)、特危险(v_5)的分数权重依次为：0、25、50、75、100，于是可用$p_i = 25b_2 + 50b_3 + 75b_4 + 100b_5$计算出第 i 个工序的综合分。

分别计算 58 项施工工序的综合分，对计算结果对应的工程从大到小排序为：沉箱浮运、沉箱预制、深基坑作业；边通航边疏浚；围堰工程；沉桩；拆除与爆破；炸礁作业；高边坡处理；大型模板安装与拆除；沉箱、扶壁和圆筒安装；水下安装；大型支架与临时便桥架设与拆除；浮码头、趸船安装；强夯；水下焊接；大型设备安装；沉井安装；工程加固；水上加桩；梁、板和靠船构件安装；岸坡开挖；水下浇筑；桩帽施工；预制构件及设备船舶运输；桩头处理；基床夯实整平；水下基槽开挖；护筒施工等。以上 29 项工序施工危险性分值占 58 项工序总分值之和的 80%，经过征询专家意见，将以上 29 项工序作为港航工程施工作业活动重大危险源，针对以上 29 项施工作业活动重大危险源将做进一步评价。

3 结论

针对港航工程施工安全的特点，结合危险源普查清单，研究了港航工程施工重大危险源辨识方法，主要结论：

(1)根据港航工程施工危险源清单，综合运用层次分析法、德尔菲法收集和模糊数学对收集的基础数据进行计算，确定了施工危险源各层次的权重。

（2）实例研究中，对港口、航道整治、航道疏浚、航运枢纽、过船建筑物等分部分项工程的作业工序，进行综合分析和归纳，得出港航工程施工危险源的辨识清单。应用本文提出的方法进行分析计算后，辨识出 58 项危险源中 29 项为重大危险源。经征询专家意见，该清单是科学有效的。研究结论为重点防控港航工程施工重大危险源，遏制和减少重、特大安全事故提供了理论支撑。

（3）由于港航工程施工作业活动重大危险源管理是一个系统的动态过程，随着先进施工机械普及、施工工艺的改进、施工环境的改善等本质安全程度的提高，重大危险源的存在及分布都会随之变化。因此，应该及时开展重大危险源辨识，以便对重大危险源辨识清单进行跟踪调整，确保重大危险源防控的准确性、适宜性和有效性。

参考文献

[1] 刘铁民．安全生产管理知识 [M]. 北京：中国大百科全书出版社，2006.

[2] 罗云，樊运晓，马晓春．风险分析与安全评价 [M]. 北京：化学工业出版社，2004.

[3] Willie Hammer Dennis Price. 职业安全管理与工程 [M]. 北京：清华大学出版社，2003.

[4] 中华人民共和国交通部行业标准．港口工程质量检验评定标准：JTJ 221—98[S]. 北京：人民交通出版社，1998.

[5] 李前进．铁路工程施工危险源辨识、风险评价与风险控制研究 [D]．西安：西安建筑科技大学，2004.

[6] 中华人民共和国国务院．建设工程安全生产管理条例（国务院令第 393 号）[S].

[7] 李学华．模糊层次分析法在煤矿安全管理系统中的应用 [M]. 郑州：黄河水利出版社，2018.

[8] 中华人民共和国交通运输部．公路水运工程安全生产监督管理办法（交通运输部令 2017 年第 25 号）[S].

[9] 中华人民共和国国务院．生产安全事故报告和调查处理条例（国务院令 493 号）[S].

[10] 闪淳昌．建设项目（工程）劳动安全卫生预评价指南 [M]. 大连：大连海事大学出版社，1999.

18 通航枢纽优化工程水动力数值模拟研究

摘要：为了验证通航枢纽在采取优化工程措施后的效果，运用数值模拟方法对航电枢纽所处河段进行了水动力数值模拟。首先对航电枢纽工程布置河段建立二维水动力方程，同时为了数值离散计算，利用四边形和三角形单元优势，布置了5740个网格节点和2293个混合单元，对3个流量级的通航水流条件进行了数值模拟研究。研究发现通过在引航道口门区增加一定的工程措施能够改善船闸上、下游水流条件。

关键词：航电枢纽；数值模拟；水动力；网格；水位

0 引言

随着航电枢纽和大型水利枢纽的建设，作为航运部门越来越重视通航建筑物的布置问题，做好枢纽平面布置是过坝设计船队（舶）安全通畅通过坝区的基本保证。当前，港航科研部门通过模型试验积累了一定经验，但对于在河流支流入汇口干流上游建设航电枢纽尚没有先例，兴建枢纽后其上、下游河道的水流、泥沙运动的过程改变，既有一般航电枢纽普遍存在的共性问题，更重要的是存在着支流入汇影响的特殊技术难点，其通航建筑物引航道口门区及连接段与上、下游航道的连接在布置上产生较大的难度。

本文是在物理模型试验研究的基础上，采用二维水动力数学模型对通航枢纽平面布置方案做进一步优化，来预测工程效果。主要工程量是在引航道上、下游导流堤建顺坝进一步改善引航道口门区和连接段通航水流条件，以减弱支流入汇对下游引航道横向流速的影响。

1 二维水动力数值模拟基本原理

依兰航电枢纽工程位于松花江干流中游的牡丹江入汇口上游 1 公里处，是一座以航运为主，同时兼顾水产养殖和旅游等功能的低水头航电枢纽工程。本文以松花江依兰航电枢纽重点项目为依托，探讨牡丹江入汇对松花江依兰航电枢纽的影响，为枢纽坝址选择和平面布置以及航道整治工程提供借鉴。

1.1 模型基本控制方程

松花江为冲积性平原河流。本研究河段河宽水浅，河道水流及河口水流的水平尺度一般远大于垂直尺度，水深、流速等水力参数沿垂直方向的变化较之沿水平方向的变化要小得多，此时可以略去这些量沿垂线的变化，将三维流动的基本方程沿水深积分，并沿水深取平均，即得沿水深平均的二维流动基本方程，如图 18-1 所示。

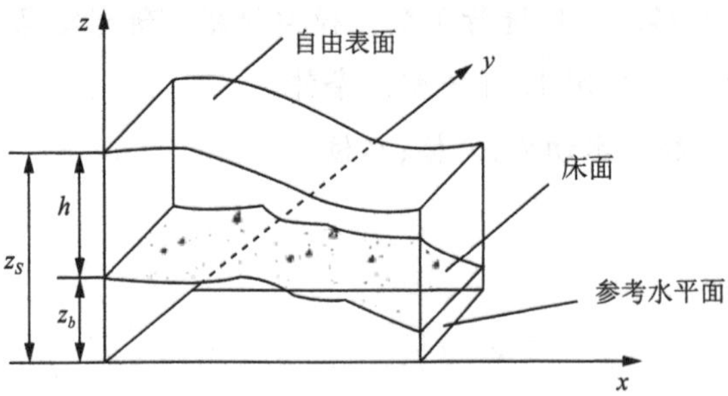

图 18-1 坐标系示意图

二维浅水基本控制方程如下：

连续方程：

$$\frac{\partial h}{\partial t}+\frac{\partial (hu)}{\partial x}+\frac{\partial (hv)}{\partial y}=0$$

X 方向运动方程：

$$\frac{\partial u}{\partial t}+u\frac{\partial v}{\partial x}+v\frac{\partial v}{\partial y}+g\left(\frac{\partial h}{\partial x}+\frac{\partial \alpha_0}{\partial x}\right)-fv-\frac{\varepsilon_{xx}}{\rho}\cdot\frac{\partial^2 u}{\partial x^2}-\frac{\varepsilon_{xy}}{\rho}\cdot\frac{\partial^2 u}{\partial y^2}+\frac{gu}{c^2h}\sqrt{u^2+v^2}=0$$

Y 方向运动方程：

$$\frac{\partial v}{\partial t}+u\frac{\partial v}{\partial x}+v\frac{\partial v}{\partial y}+g\left(\frac{\partial h}{\partial y}+\frac{\partial \alpha_0}{\partial y}\right)-fu-\frac{\varepsilon_{xy}}{\rho}\cdot\frac{\partial^2 v}{\partial x^2}-\frac{\varepsilon_{xy}}{\rho}\cdot\frac{\partial^2 v}{\partial y^2}+\frac{gv}{c^2h}\sqrt{u^2+v^2}=0$$

其中：x、y 是水平坐标轴；u、v 为 x、y 轴向流速；t 是时间变量；g 为重力加速度；h 为水深；α_0 为河床底面高程；ρ 为水流密度；f 为科氏力参数（$f=2\varpi\sin\phi$，ϖ 为地球旋转角速度，ϕ为纬度）；ε_{xx}、ε_{xy}、ε_{yx}、ε_{yy}为紊动黏滞系数；c为谢才系数。

1.2 基本方程的数值离散

浅水方程的离散包括时间离散和空间离散，时间的离散采用差分法，空间的离散采用有限单元法。运用 Galerkin 加权余量法把浅水方程离散成非线性代数方程，然后采用 Newton-Raphson 方法求解。离散区域内采用三角形六节点等参单元和四边形八节点等参单元相耦合。根据对二次与线性或三次与二次函数混合插值与二次与二次函数混合插值相比较，使用混合插值方法虽然对流速场计算精度有微小的减弱，但可以提高压力场（水位）计算精度，并且可以减少节点数量而大大提高计算速度。因此，在求解时采用混合插值方法。

1.3 模型程序结构流程图

在计算过程中，实现从地形数据文件到计算结果的转化需要通过多个步骤来完成。因此，计算模型由几部分程序模块构成，整个程序的流程过程见图 18-2，由此可以更清楚地了解各程序模块的功能以及计算的顺序。

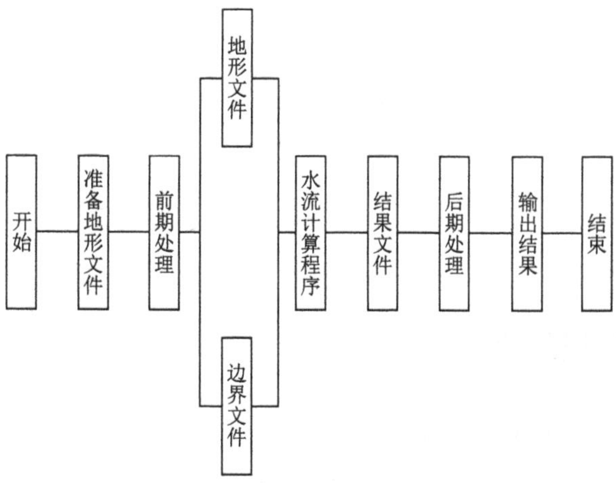

图 18-2 数学模型流程图

1.4 初始条件和边界条件

1）初始条件

对于给定的研究域，在时间 t=0 时有：

$$h(x,y,t)|_{t=0}=h_0(x,y)$$

$$r(x,y,t)|_{t=0}=r_0(x,y)$$

$$s(x,y,t)|_{t=0}=s_0(x,y)$$

其中：h_0、r_0、s_0分别为初始时刻的水位和流速分量。

2）边界条件

（1）开边界

$$r=r_B(t)\ ,\ s=s_B(t)\ ,\text{或}\,h=h_B(t)$$

式中：r_B、s_B——已知流速分量过程线；

h_B——已知水位过程线。

（2）固壁边界，即水与陆的边界，由壁面的不透水性，可令法向流速等于零，切向流速由曼宁—谢才公式确定，若法向流速与X轴夹角为θ，则r和s与v_n和v_t之转换关系为：

$$\begin{Bmatrix} v_n \\ v_t \end{Bmatrix}=[T]\begin{Bmatrix} r \\ s \end{Bmatrix}$$

式中：$[T]=\begin{bmatrix} \cos\theta & \sin\theta \\ -\sin\theta & \cos\theta \end{bmatrix}$。

1.5 动边界处理

模型对边滩单元干湿采用线性插值计算判别，当单元平均高程低于给定的潮位变幅下限时，整个单元为湿单元而参与计算，当单元平均高程高于给定的潮位变幅上限时，整个单元为干单元而不参与计算，当单元平均高程介于给定高低潮位之间时，按线性插值调整参与计算单元的个数。

1.6 计算方法和网格剖分

对于河道及泛区水流的模拟，如何恰当地布置网格，使其既贴合复杂边界，反映随水深变化的边界地形，同时又能克服因计算域长宽尺寸悬殊引起的模拟困难，往往是河道及泛区水流整体模拟成功与否的关键。单独采用三角形网格，在河道中虽然能很好地拟合曲折边界，但所取三角形单元不是某一内角特别小，发生三角形畸变，导致计算误差或数值不稳定，就是必须采取众多尺度较小的单元，这将大大增加对计算机内存的要求，同时计算量也显著增加。本文计算区域网格由三角形六结点和四边形八结点相结合的等参数网格单元构成。本研究航道上游顺直段采用矩形网格单元；航道收缩、放宽过度段采用四边形结合三角形网格单元；在枢纽、顺坝工程附近以及交汇河口地区均采用三角形网格加密。本文所采用的方法扬长避短，发挥了等参四边形和三角形单元各自的优点，得到了较为合理的计算结果。整个模拟范围共有网格节点 5740 个；单元 2293 个，其中三角形网格单元 1401 个，矩形网格单元 892 个。详细网格单元剖分见图 18-3。

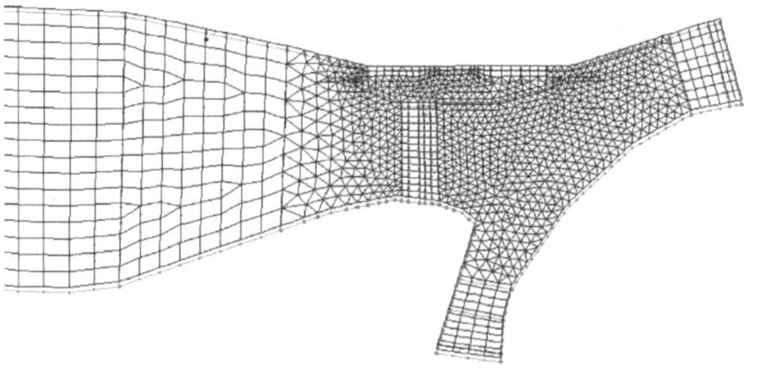

图 18-3　网格单元剖分图

2　优化方案数值模拟

本文在坝址平面布置方案的基础上做进一步优化，目的是减小上游引航道口门区及连接段横向水流以及下游引航道横向、纵向水流。

2.1　模型验证

模型验证主要以实测的水文资料为依据，对研究区域布设的水尺及过流断面（详细布置见图 18-4）分别进行水面线、流速分布验证，验证成果表明水力要素均满足《内河航道与港口水流泥沙模拟技术规程》（JTJ/T 232—2001）要求。因此，在此基础上进行研究，其成果是可靠的。

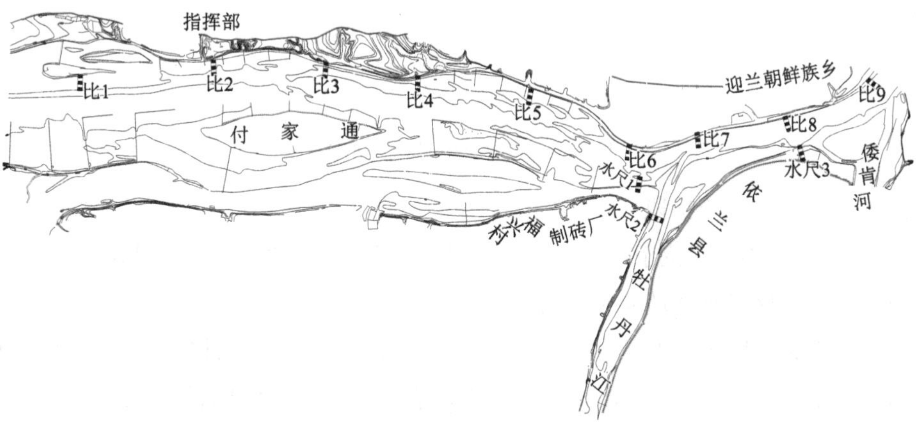

图 18-4　依兰航电枢纽模型平面布置示意图

2.2 优化方案工程布置

航电枢纽优化方案采取工程措施包括：在上游引航道导流堤堤头增加100m抛石顺坝，顶高程106.1m；下引航道导流堤堤头下兴建两段抛石顺坝，一段80m，一段110m，中间间隔10m间距，顶高程102.6m。

2.3 数值模拟通航水流条件试验研究成果

本文共对3个流量级的通航水流条件进行了数值模拟研究，枢纽坝前水位均保持99.0m，各级流量试验成果如下：

1）$Q_{松}$=2256m³/s、$Q_{牡}$=237m³/s

枢纽河段流场和引航道口门区及连接段流速分布见图18-5。

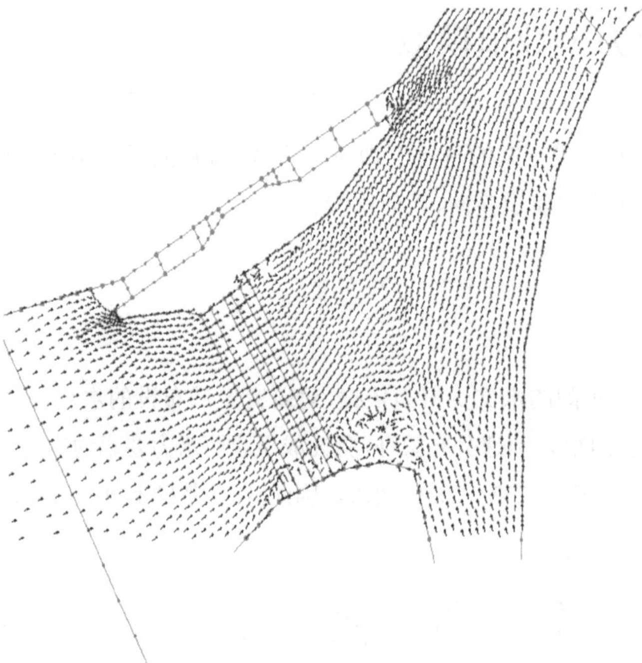

图18-5 $Q_{松}$=2256m³/s、$Q_{牡}$=237m³/s 流场图

（1）上游口门区及连接段水流条件。

上游口门区及连接段位于库区，水深大，基本上为静水，通航水流条件满足要求。

（2）下游口门区及连接段水流条件。

受下游引航道导流堤堤头顺坝影响，电站下泄水流向口门区及连接段扩散明显减弱。松花江右岸干支流交汇口附近旋涡较明显。口门区左侧回流范围影响至堤头以下200～300m左右；口门区右侧受顺坝作用，斜流角度减小；口门区及连接段最大流速1.6m/s，最大横向流速 0.46m/s，较优化工程实施前为小，出现在距堤头 200 ～ 250m 左右航道边缘，其他区域满足要求。

2）$Q_{松}$=5500m³/s、$Q_{牡}$=1790m³/s

枢纽河段流场和引航道口门区及连接段流速分布图见图 18-6。

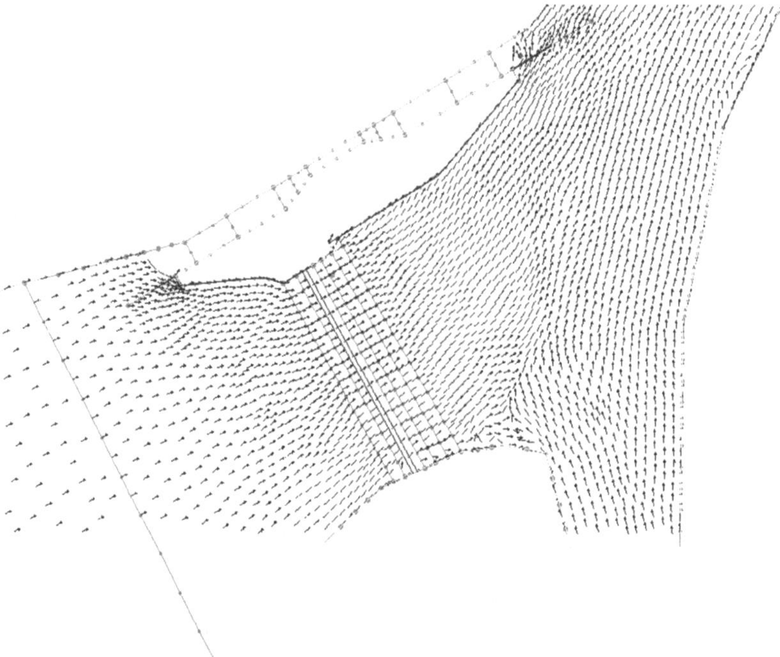

图 18-6 $Q_{松}$=5500m³/s、$Q_{牡}$=1790m³/s 流场图

（1）上游口门区及连接段水流条件。

该流量级条件下，库区内流速增大较明显，上引航道口门区附近流速在 0.5m/s 左右，堤头以上 100m 范围内表面流速明显减小；上游口门区及连接段最大流速 0.83m/s，最大横向流速 0.21m/s，出现在坝头附近，最大纵向流速满足要求。

（2）下游口门区及连接段水流条件。

枢纽下游水流流态分布均匀，支流与干流交汇迹线较明显，口门区及连接段受顺坝影响流速较缓，口门区左侧回流区范围在顺坝以外；口门区及连接段最大流速 1.85m/s，最大横向流速 0.51m/s，其他区域满足航行要求。

3）$Q_{松}$=7500m³/s、$Q_{牡}$=2080m³/s

枢纽河段流场和引航道口门区及连接段流速分布图见图 18-7。

（1）上游口门区及连接段水流条件。

该流量级条件下，枢纽上游流速增大较明显，上游引航道口门区附近流速在 0.63m/s 左右，由于口门区顺坝作用，堤头以上约 100m 范围内表面流速明显减小；上游口门区及连接段最大流速 0.9m/s，最大横向流速 0.25m/s，出现在坝头附近，纵向流速能满足通航要求。

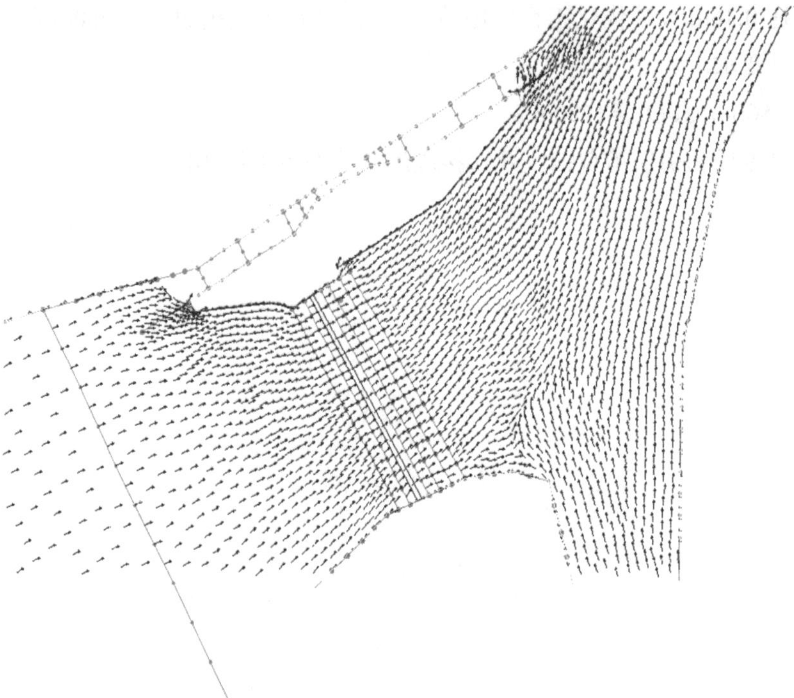

图 18-7 $Q_{松}$=7500m³/s、$Q_{牡}$=2080m³/s 流场图

（2）下游口门区及连接段水流条件。

枢纽下游水流流态分布均匀，支流与干流交汇线较明显，口门区及连接段受顺坝影响流速较缓，口门区回流区范围较大；口门区及连接段最大流速 2.49m/s，出现在连接段末端，最大横向流速 0.58m/s，其他区域基本满足通航要求。

3 结论

（1）本文是利用数模软件在物模研究的成果基础上做了进一步优化。再对沿水深平均的封闭浅水方程组，在时间离散和空间上进行离散求近似解，在航电枢纽布置方案的基础上建立了二维数学模型，并且布置了通航枢纽和优化工程措施。

（2）大量的物模研究表明：在引航道口门区附近增加浮堤、堤身开孔、增设导流墩等工程措施对减小引航道口门区及连接段横向水流大小更为有效。由于数模在模拟具体复杂工程问题尚有一定的困难，本文数模是在物模的基础上增加了一些简单的工程措施（顺坝）。增加了工程后，引航道口门区及连接段通航水流条件较优化工程前有较大改善，特别是下游引航道对减小支流入汇斜流影响。

（3）本文对 $Q_{松}$=2256m³/s、5500m³/s、7500m³/s 等三个流量级进行了研究。根据松花

江和牡丹江水文资料统计 $Q_{松} \leq 7500m^3/s$ 时，这一径流时间段每年大约占 99%（通河站 1955—2003 年日平均流量统计），仅考虑畅流期（一般指每年 5 月份到 10 月份期间）也要占到 98.1%，因此这个范围流量级具有代表性。

参考文献

[1] 中华人民共和国行业标准．船闸总体设计规范：JT 305—2011 [S]. 人民交通出版社，2001.

[2] 洪承礼．港口规划与布置 [M]. 2 版．人民交通出版社，1998.

[3] 汪德灌．计算水力学理论与应用 [M]. 河海大学出版社，1989.

[4] 李天明．感潮分汊河段水动力分析及工程应用研究——以潭江刘樟洲浅滩为例 [D]. 河海大学，2006.

[5] 张明进．广西浔江长洲枢纽回水范围理论分析 [D]. 河海大学，2005.

[6] 陆永军，刘建民，陈国祥．航道工程二维泥沙数学模型的应用研究 [J]. 内河航道整治工程技术交流大会文集，1998.

[7] 张佃兵，张杰．多分汊型河道平面二维水流数值模拟 [J]. 第六届全国泥沙基本理论研究学术讨论会论文集，2005.

[8] 王平义，程昌华，荣学文．航道整治建筑物水毁理论及模拟技术 [M]. 人民交通出版社，2004.

[9] 陆永军，王义安．松花江大顶子山航运枢纽关键技术研究——库区淤积及坝下游河道冲刷泥沙数学模型研究 [R]. 南京水利科学研究院，2005.

[10] Shaoling Hu and S.C. Kot.Numerical Model of Tides in Pearl River Estuary with Moving Boundary[J]. Hydraulic Engineering.ASCE，1997，123（1）.

[11] Casulli V.，Numerical Simulation of Three-dimensional Free Surface Flow in Isopycnal Coordinates[J]. Int. J. Numer. Methods，25，1997.